Forschungsvergleichsarbeit für Wien Kultur

Vergleichsforschung des Wiener Naschmarktes versus des Augsburger Stadtmarktes

erstellt durch

MMag. Dr. Wolfsteiner Christian, MAS

Erstellt am 31.01.2017 aus:

Quantitative Erhebung: Befragung	Linz	Mai	2007
Quantitative Erhebung: Befragung	Wien	November	2009
Quantitative Erhebung: Befragung	Augsburg	März	2016

Inhaltsverzeichnis

Abbildungsverzeichnis

Executive Summary

Die nachstehende Vergleichsforschung, welche am Augsburger Stadtmarkt unter 68 stationären Händlern durchgeführt wurde, erzielte eine Fragebogenrücklaufquote von 23,25 Prozent und konnte daher zu den Ergebnissen des Wiener Naschmarktes in Relation gesetzt werden. Die wichtigsten Erkenntnisse dieser Studie sind anschließend aufgeführt.

Am Augsburger Stadtmarkt war es erstaunlich, dass die überwiegende Mehrheit der dort tätigen Beschicker in Deutschland geboren wurde und es sich folglich um vollständig einheimisch sozialisierten Unternehmensgründer handelte. Doch nicht nur in jenem Punkt unterscheiden sich die beiden Märkte eklatant. Beispielsweise konnte am Augsburger Stadtmarkt die erste weibliche Gründung unter den bis dato noch tätigen Beschickern erst 2010 nachgewiesen werden, wobei dies am Naschmarkt schon 1970 erfolgte.

Die in den Medien kommunizierten vorwiegenden Familienunternehmungen konnten am Stadtmarkt empirisch nicht bestätigt werden, jedoch gab es vereinzelt Betriebe mit einer langen Generationshistorie. Am Augsburger Stadtmarkt kam es zu einer maximalen Ausprägung von Betrieben, die in dritter Generation geführt wurden. Die Mehrzahl hingegen gründete hier erstmalig. Wobei ab 2010 sogar ausschließlich in erster Generation gegründet wurde. Am Wiener Naschmarkt ist die Erstgründung ebenfalls dominant verbreitet, wenngleich es auch Betriebe gibt, die bereits von Familienmitgliedern der vierten Generation geführt werden.

Am Augsburger Stadtmarkt kam es insgesamt vermehrt zur Unterstützung von Familienmitgliedern, welche am Wiener Naschmarkt dezidiert nicht in diesem Ausmaß stattfand. Darüber hinaus konnte festgestellt werden, dass die Anzahl der Gründer, welche eine vorangegangene Selbstständigkeit vor der Unternehmensgründung nachweisen konnten, sowohl am Augsburger Stadtmarkt (seit den

Neunzigerjahren) als auch am Wiener Naschmarkt (seit den Achtzigerjahren) beständig zunimmt.

Die Unternehmer sind folglich nicht nur am Wiener Naschmarkt sondern auch auf weiteren Märkten vertreten. In dieser Erhebung konnte gezeigt werden, dass die Betreiber dabei auf bis zu vier weiteren Märkten tätig waren. Am Augsburger Stadtmarkt hingegen sind die Unternehmer lokal am Markt vertreten und beschicken keinerlei weitere Märkte. Jedoch gibt es den Nachweis von Filialbetrieben sowohl am Wiener Naschmarkt als auch am Augsburger Stadtmarkt.

Hinsichtlich ihrer Ausbildung sind die Beschicker des Wiener Naschmarkts aufgrund ihrer in der Forschungsarbeit nachstehend nachgewiesenen gymnasialen Pflichtschulausbildung marginal höher gebildet als jenes des Augsburger Stadtmarkts, diese, wenn man den Durchschnitt betrachtet, haben hauptsächlich eine abgeschlossene Lehre vorzuweisen. Dies wiegt sich jedoch in der höchsten

Ausbildung auf, da hierbei auf beiden Märkten Beschicker mit universitärer und Fachhochschulausbildung vertreten sind. Aufgrund der Tatsache, dass alle Beschicker des Augsburger Stadtmarkts ihre Ausbildung in Deutschland absolviert haben, kann davon ausgegangen werden, dass keine im Ausland erworbenen akademischen Titel, welche zum Teil von der nicht EU anerkannt werden, nicht berücksichtigt werden konnten.

Bezüglich der Unternehmensentwicklung und der Marktschwerpunkte kann eine Transformation vom Verbraucher zum hedonistischen Markt erkannt werden. Es ist davon auszugehen, dass ohne politische Reglementierung der Augsburger Stadtmarkt eine ähnliche Transformation, wenn auch lokaler und ohne den touristischen Druck, als jene des Wiener Naschmarkts durchleben wird.

Einleitung

Die nachstehende wissenschaftliche Arbeit baut auf den, vom Autor erstellten Grundlagenforschungen des Linzer Südbahnhofmarktes (05/2007) und des Wiener Naschmarktes (11/2009) auf. Grund für die eingeschränkte Auswahl der vorliegenden Forschungsliteratur ist eine mangelnde wissenschaftliche Aufarbeitung der Thematik betreffend Grün- und Detailmärkten im deutschsprachigen Raum allgemein. Folglich baut die nachstehende Arbeit auf zwei Fragebögen der statistischen Grundlagenforschung auf, welche um eine weitere Befragung am Stadtmarkt Augsburg (03/2016) ergänzt wurden. Statistisch wurde infolge der Augsburger Stadtmarkt in Relation zum Wiener Naschmarkt gesetzt, da hier der verwendete Fragenkatalog zu 90 Prozent übereinstimmend war. Die Erhebungen der Befragung aus 2007 wurden nur inhaltlich verarbeitet.

Es handelte sich bei allen drei Befragungen um eine Vollerhebung welche infolge die Grundgesamtheit der jeweiligen Märkte widerspiegeln und Schlüsse auf deren lokale Beschicker zulassen.

Forschungsgrundlage

Grundlage bildeten mit Ihrer Literatur wie folgt: Wolfsteiner, C.: Zukünftige Entwicklungschancen von Klein- und Mittleren Unternehmungen. Trauner Verlag (ISBN-10: 3854994109, ISBN-13: 978-3854994107) 2008; sowie Wolfsteiner, C.: Wiener Naschmarkt: Wie er wirklich is(s)t: Wirtschaftsgeschichtliche und anthropologische Analyse der ethnischen Ökonomie Wiens, im Herzen Europas: Betriebsanalyse 1950-2015 und darüber hinaus. BoD Verlag (ISBN-10: 3738622047, ISBN-13: 978-3738622041) 2015 und folglich deren beinhaltete Literatur.

Forschungsziel

Forschungsziel war es den deutschen Stadtmarkt Augsburgs in Relation zum österreichischen Wiener Naschmarkt zu setzen und dessen Entwicklung von 1940 bis zum heutigen Tage in bestimmten sozioökonomischen Bereichen des heutigen öffentlichen Interesses in Relation zu setzen. Dies gelang, aufgrund der ausgewerteten Fragebögen, nicht vollständig.

Die aktuellen Berichte in der Augsburger Allgemeinen, vom November und Dezember 2016 geben dem Ersteller, durch seine gewählten Forschungsinhalte, Recht und unterstreichen die Wichtigkeit der Stadt- und Regionalforschung, welche selten universitäre Ausarbeitung erfährt und zumeist lediglich der politischen Legitimation dient.

Es befinden sich am Standort des Augsburger Stadtmarktes, **68 stationäre Handler** welche Vorort ständig stationär tätig sind. Von jenen Unternehmen wurden elf Fragebögen retourniert welche folglich eine **Rücklaufquote von 23,25 Prozent** (da ein Unternehmer zwei Standorte und ein Unternehmer fünf Standorte betreibt) ergeben. Bei schriftlichen Befragungen wird - bedingt durch geringeren Rücklauf - eine geringere

Anzahl Befragter erfasst, zudem sind Ausfälle in bestimmten Bevölkerungsgruppen (z.B. schreib- und denkungeübte Menschen) häufig, sodass sich Probleme der Repräsentativität und Validität ergeben können. [12]
Leider kam es nicht zu den bisherig erzielten Rücklaufquoten in Österreich (Südbahnhofmarkt Linz 2007: 75 Prozent, Naschmarkt Wien 2009: 70 Prozent) und somit folglich zu einer geringeren Repräsentativität, jedoch vollständiger Validität.

Dennoch können, aufgrund der bisherigen Forschungsergebnissen und der durchgeführten Vollerhebung, valide Rückschlüsse auf die Unternehmen gezogen werden. Um den nicht vorhersehbaren fehlenden Rücklauf zu kompensieren, wurde aus der Einzel- eine Vergleichsforschung erstellt.

---

[1] Vgl. Roth, E., 1984, S. 168.
[2] Vgl. Wilk, L., 1975, S. 189.

Soziodemographische Segmentierung

Die Ergebnisse der nachstehenden Forschungsarbeit haben dahingehend Aufschluss ergeben, dass sich am Augsburger Stadtmarkt ähnlich dem Wiener Naschmarkt, überdurchschnittlich viele Männer selbstständig machen. Die historischen Wiener „Marktweiber“ gehören folglich der Vergangenheit des Naschmarktes an. Beachtlich und gleichsam überraschend ist der Anteil der am Augsburger Stadtmarkt gebürtigen deutschen Standbeschicker (Abbildung 1 Geschlechterverteilung (in Nationalitäten v5.1.2)).

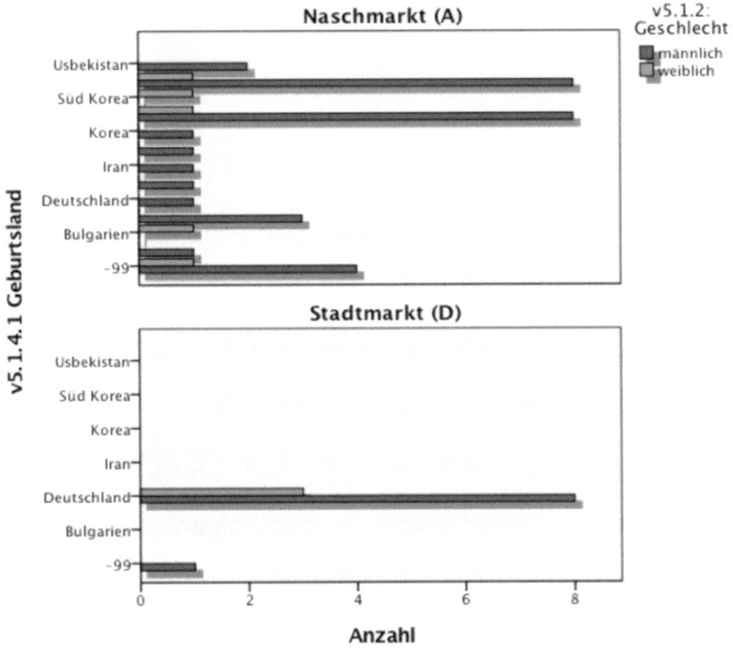

Abbildung 1 Geschlechterverteilung (in Nationalitäten v5.1.2)

Betrachtet man den Zusammenhang der Gründungsjahre durch die Beschicker so fällt auf, dass sowohl am Naschmarkt[3] als auch am Stadtmarkt in den späteren Dekaden vermehrt Frauen gründeten (Abbildung 2 Geschlechterverteilung in den Gründungsdekaden (v.5.1.2)). Besonders eklatant ist der Anstieg am Stadtmarkt. Hier kam es zu einer

---

3 Wolfsteiner, C., 2016, 436

regelrechten Explosion der weiblichen Gründerinnen, welche vor 2010 gar nicht verzeichnet werden konnten.

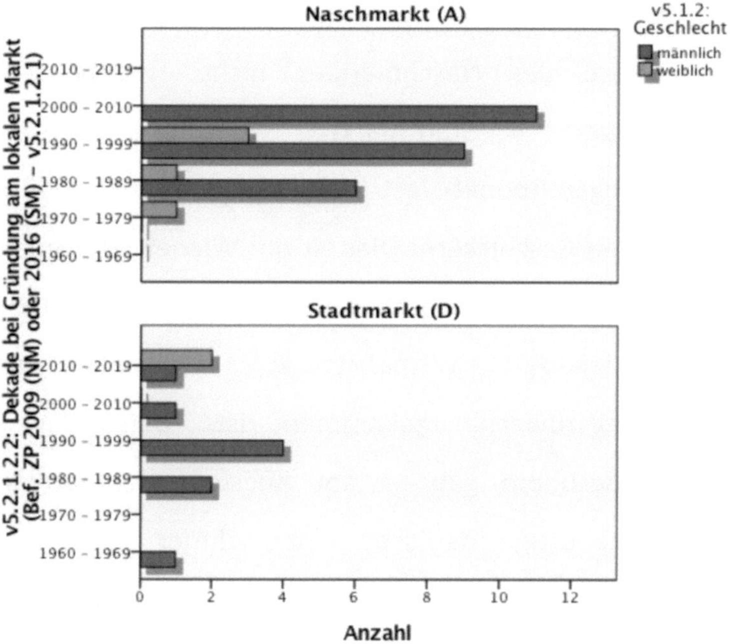

Abbildung 2 Geschlechterverteilung in den Gründungsdekaden (v.5.1.2)

Herkunftsgebiete der Beschicker (zugeordnet durch deren Geburtsland)

Der nachstehend homogene Aufbau der Standbeschicker wurde aufgrund der vorliegenden Ergebnisse des Naschmarktes nicht erwartet. Der Augsburger Stadtmarkt bestand zum Befragungszeitpunkt fast ausschließlich aus gebürtig deutschen Beschickern. Dies ist am Wiener Naschmarkt nicht zu belegen, vielmehr zeigt sich das es in den Neunzigerjahren vermehrt zu vorderasiatischem Gründungszuwachs gekommen ist. Den gleichen Gründungsboom gab es am Augsburger Stadtmarkt durch gebürtige deutsche Unternehmer gefolgt von einer Gründungsoffensive 2010 bis 2019 (Abbildung 3: Herkunftsgebiete nach Gründungsjahren (v5.1.4.2)).

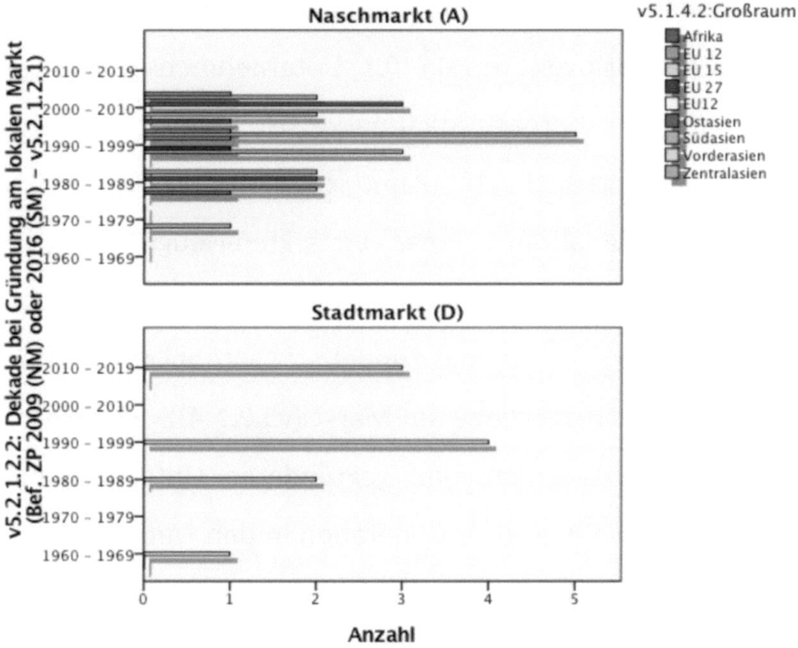

Abbildung 3: Herkunftsgebiete nach Gründungsjahren (v5.1.4.2)

Familienunternehmen oder Einzelunternehmer

Bezogen auf die Generationenverteilung lässt sich konstatieren, dass besonders zwischen 1990 – 2010 am Naschmarkt erstgegründet wurde. Hier waren zuvor keinerlei Verwandte tätig. Es handelt sich folglich um ein sehr positives Terrain für Unternehmensgründungen. Am Augsburger Stadtmarkt ist die Lage etwas differenzierter. Es kam zwar ebenfalls in den Neunzigerjahren zu einer verstärkten Neugründung aber auch in den Jahren 2010 bis 2019 wurde am Stadtmarkt vermehr erstgegründet (Abbildung 4 Generationsbetriebe am Markt (v5.2.1.4)). Es ist nur zu hoffen, dass jene neu gegründeten Unternehmen in kommender zweiter Generation in den Familien bleiben werden, damit die zukünftigen Folgeforschungen detailliertere Aussagen über deren weitere Entwicklung treffen können. Derzeit hat es jedoch den Anschein, dass am Augsburger Stadtmarkt verstärkt neue Unternehmer zuwandern und bestehende Familienunternehmen aufgelöst werden.

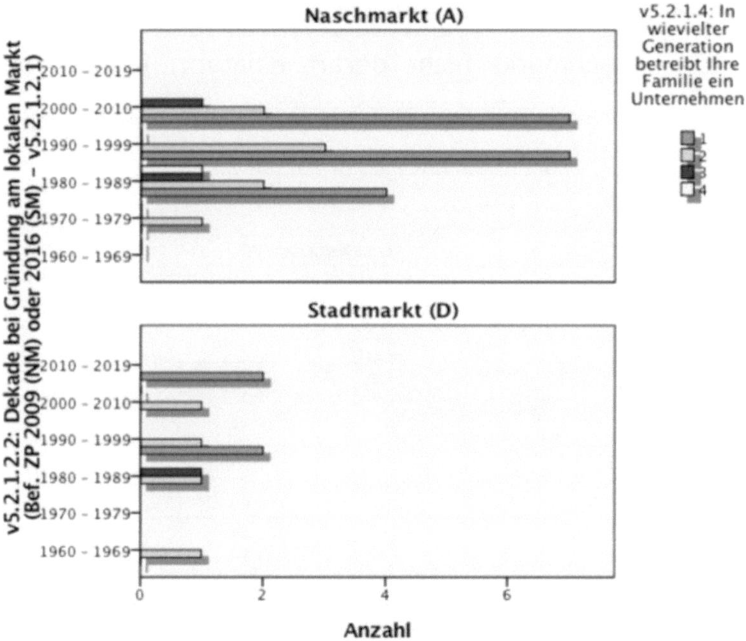

Abbildung 4 Generationsbetriebe am Markt (v5.2.1.4)

Mithilfe von Familienmitgliedern

In der nachstehenden Grafik konnte durch eine der Kontrollfrage belegt werden, dass es zu keinerlei Unterstützung durch Familienmitglieder in den Unternehmen kam, welche in den nachstehenden Dekaden gegründet wurden (Abbildung 5 Mithilfe von Verwandten folglich Familienbetrieben (v5.2.2.7.1k)).

Zwar ist deren Ausprägung am Stadtmarkt im Vergleich zum Naschmarkt nicht derart eklatant, jedoch muss hierbei erneut die Stichprobenzahl berücksichtigt werden.

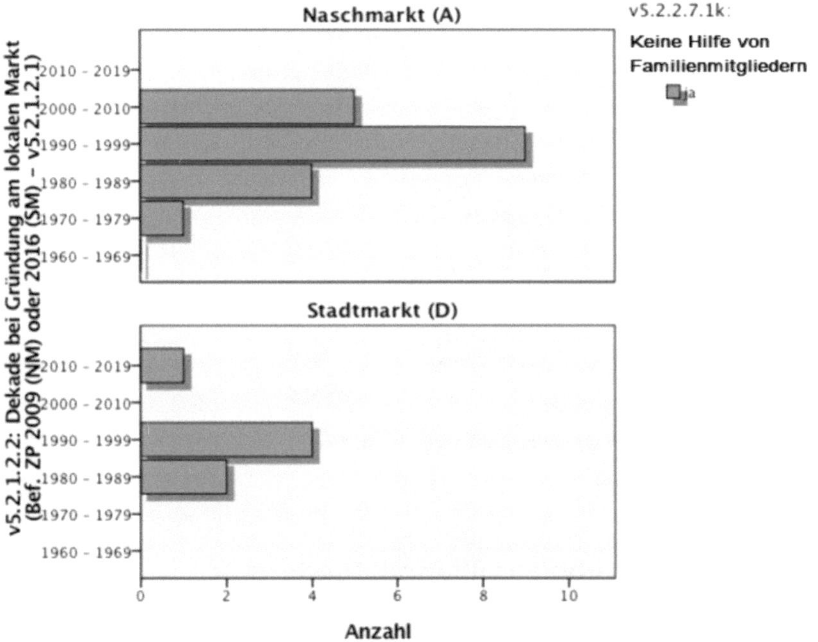

Abbildung 5 Mithilfe von Verwandten folglich Familienbetrieben (v5.2.2.7.1k)

Vorangehende allgemeine Selbstständigkeit vor Naschmarktgründung

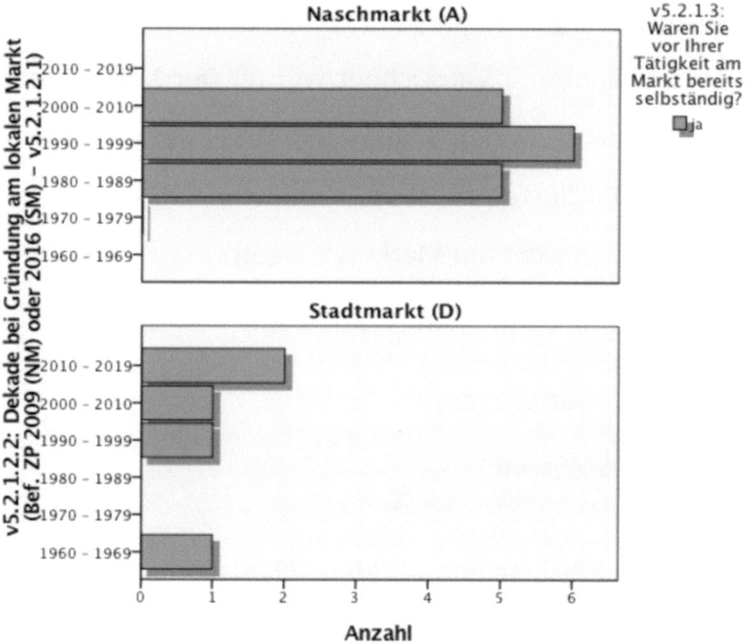

Abbildung 6 Vorangehende Selbstständigkeit am Markt (v5.2.1.3)

Am Wiener Naschmarkt ist eindeutig zu verzeichnen, dass es besonders ab den Achtzigerjahren zum Zeitpunkt der Gründung zu einem Anstieg der vorangegangenen Selbstständigkeit der Beschicker kam. Folglich zeigte die Befragung, dass man nur bis zum Ende der

Siebzigerjahre von einer klassischen Erstgründungen sprechen kann. Am Augsburger Stadtmarkt vermutet man hingegen schon in den Sechzigerjahren Erstgründungen, da hier keine vorgelagerte Selbstständigkeit verzeichnet wurde. Der Markt scheint folglich schon in den Siebzigerjahren ein wirtschaftlicher Horizontallcluster zu sein (Abbildung 6 Vorangehende Selbstständigkeit am Markt (v5.2.1.3)).

Wissensmanagement

Explizites Wissen

Höchste Pflichtschulausbildung (Basisbildung)

Nachstehende Abbildung belegt, dass am Wiener Naschmarkt augenscheinlich viele Wahlösterreicher selbstständig sind. Eine markante Anzahl von Personen haben Ihre Schulausbildung nicht in Österreich absolviert sondern im Ausland. Dies ist am Augsburger Stadtmarkt nicht der Fall. Weiter kann aufgrund der Schulbildung belegt werden, dass der Bildungsgrad der

Naschmarkt Beschicker im Vergleich zu jenen des Augsburger Stadtmarkts um eine Schulstufe differiert. In Österreich haben die Mehrzahl der Personen am Markt einen höheren Abschluss der Sekundarstufe I (Gymnasium/Hauptschule), wohingegen in Deutschland die verbreiteteste höchste Schuldbildung die Berufsschule darstellt (Abbildung 7 Höchste abgeschlossene Pflichtschulausbildung (v2.2.1)).

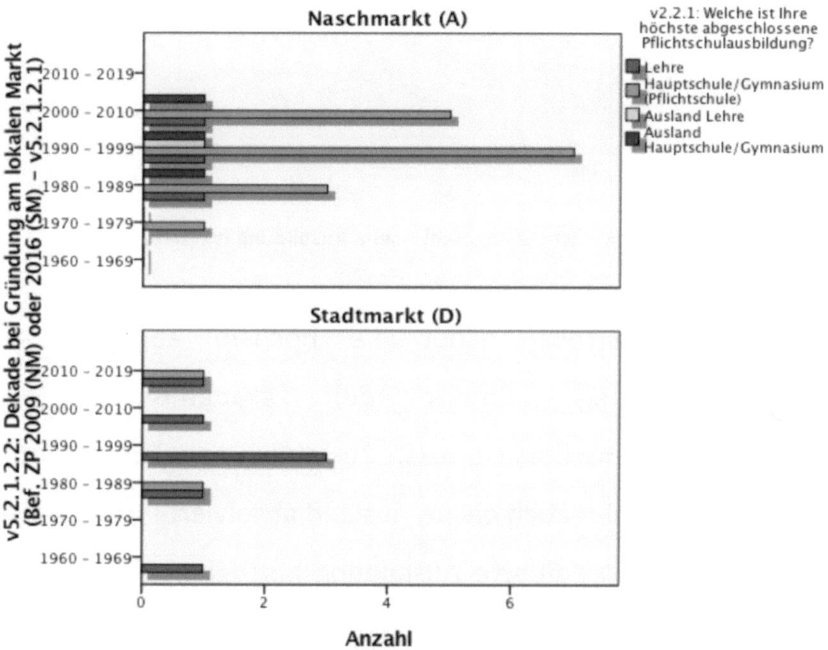

Abbildung 7 Höchste abgeschlossene Pflichtschulausbildung (v2.2.1)

Höchste abgeschlossene Schulbildung

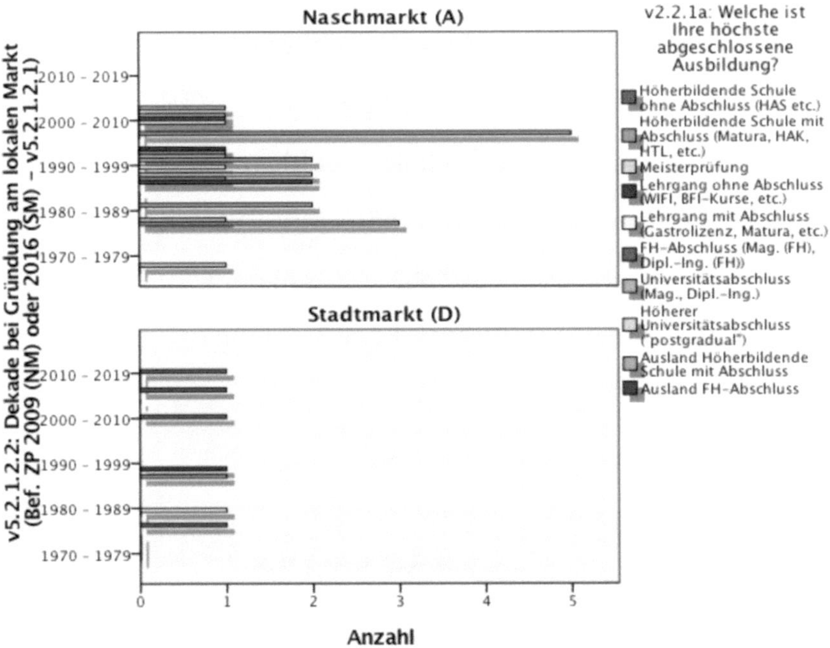

Abbildung 8 Höchste abgeschlossene Ausbildung (v2.2.1a)

In Österreich bildet die höchste abgeschlossene Ausbildung zumeist den akademischen oder Fachhochschulabschluss. Zu einem erwähnenswerten Teil ist hier auch die im Ausland absolvierte und zum Teil nicht akkreditierte Ausbildung hinzugerechnet worden. Augenscheinlich ist jedoch und dies ist besonders in den Gründungsjahren um 2000 zu erkennen, dass der überwiegende Teil einen Oberstufen Fachabschluss vorweist. Dies ist am Stadtmarkt in Augsburg ähnlich ausgeprägt auch hier gibt es Beschicker die eine akademische Ausbildung vorweisen können (Abbildung 8 Höchste abgeschlossene Ausbildung (v2.2.1a)).

Implizites Wissen

Fertigkeit durch schulische Ausbildung

Vergleichend kann in nachstehender Abbildung (Abbildung 9 Kenntniserlangung durch Ausbildung (v2.2.2)) dargelegt werden, dass besonders im letzten Jahrzehnt für Beschicker des Wiener Naschmarkt keinerlei ausbildungsrelevante Inhalte von staatlichen Schulen weitergegeben wurden. Es wird daher vermutet, dass sich die Mehrzahl der Standbetreiber durch implizites Wissen weiterbilden. Dies wird in den folgenden Abbildungen differenziert. Aufgrund der nicht einheitlichen Rückmeldungen in den Neunzigerjahren scheint der Rückschluss plausibel, dass es sich durchwegs um individuelle Erfahrungen der Beschicker handelt und folglich kein allgemeiner Trend abzuleiten ist. Gleiches ist für den Augsburger Stadtmarkt zu erwähnen.

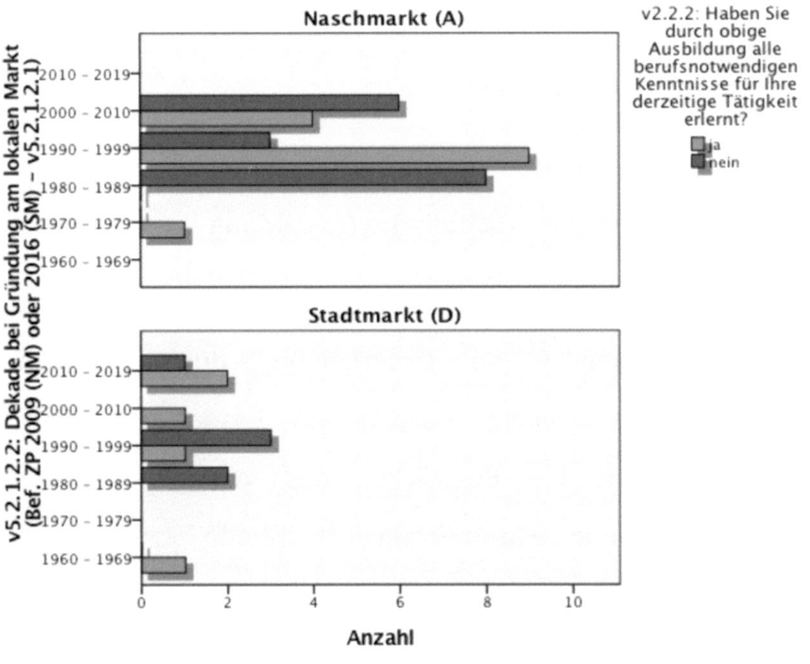

Abbildung 9 Kenntniserlangung durch Ausbildung (v2.2.2)

Fertigkeit durch Vorgänger

Besonders wichtig erscheint uns die Gegebenheit das gewisse Fertigkeiten, folglich Fachwissen, nicht von schulischen Einrichtungen an die Beschicker weitergegeben wird, sondern zumeist von den Standvorbesitzern. Hierbei ist es jedoch im vergangenen Jahrzehnt zu einer – wenn nur marginalen – Änderung gekommen. Hier kann nur vermutet werden, dass Neugründungen nicht so stark vom vergangenen Fachwissen abhängig sind, wie in den Jahrzehnten zuvor. Wiener Naschmarkt und Augsburger Stadtmarkt unterscheiden sich in ihrer Entwicklung dahingehend nicht (Abbildung 10 Wissenserlangung Vorgänger (v2.2.3)).

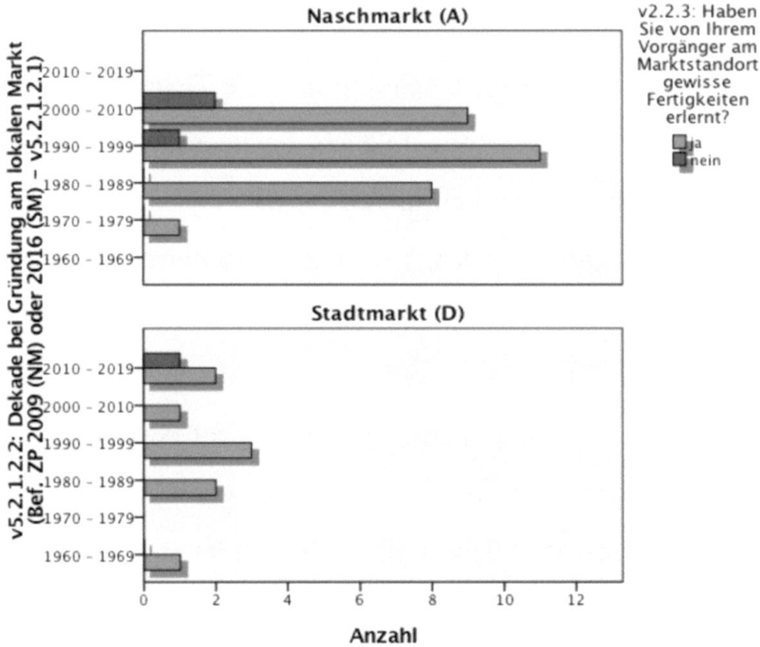

Abbildung 10 Wissenserlangung Vorgänger (v2.2.3)

Fertigkeit durch Zusehen

Falls die Wissensübertragung durch „Zusehen" erfolgte so kann man aufgrund der gegensätzlichen Aussagen am Augsburger Stadtmarkt darüber leider keine eindeutige Aussage treffen. Am Wiener Naschmarkt hingegen überwiegt diese Art der Wissensübertragung über die Jahrzehnte hinweg. Eine Ausnahme bilden hier jedoch die in den Achtzigerjahren gegründeten Unternehmen, welche hierzu indifferente Ausprägungen aufweisen. Diese sind jedoch aufgrund ihres polarisierenden Aufkommens (sich gegenseitig aufhebende Extremaussagen) zu vernachlässigen (Abbildung 11 Implizites Wissen durch Zusehen (2.2.3a)).

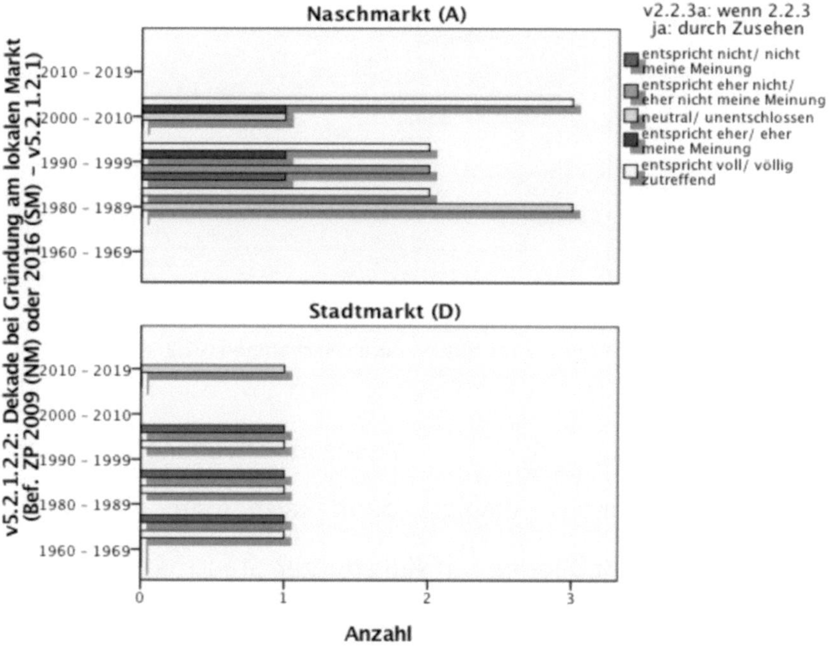

Abbildung 11 Implizites Wissen durch Zusehen (2.2.3a)

Fertigkeit durch Nachahmen

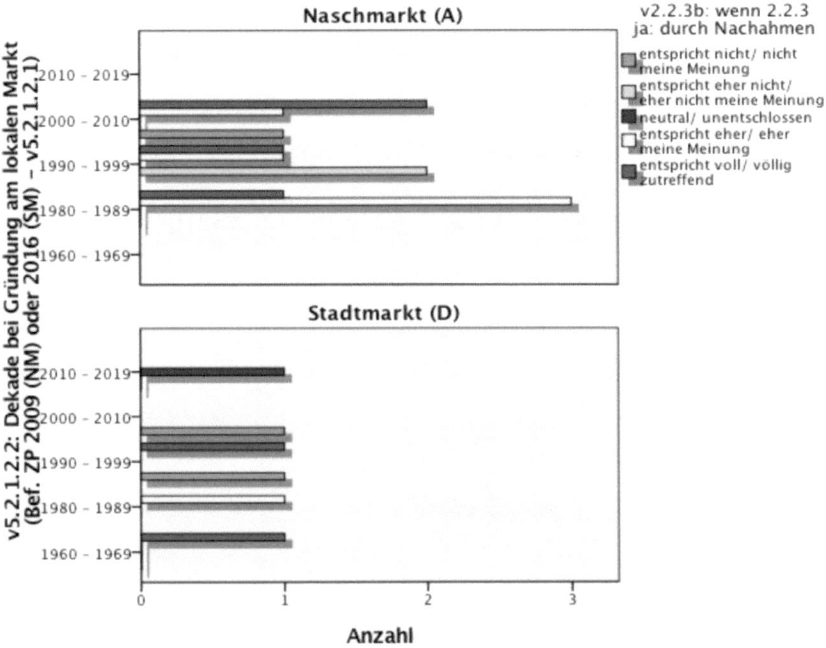

Abbildung 12 Implizites Wissen durch Nachahmen (v2.2.3b)

Wenn die Wissensübertragung durch „Nachahmen" erfolgte dann kann man aufgrund der obigen Abbildung am Augsburger Stadtmarkt wiederum aufgrund der aufwiegenden Extremaussagen keine Tendenz erkennen. Es scheinen sich die Erfahrungen in der Grundgesamtheit zu gegensätzlich verteilen und folglich keinen Schluss zuzulassen. Am Naschmarkt hingegen kommt es zu einem eindeutigen Überwiegen der Wissensweitergabe durch Nachahmung. Dies ist besonders in den Achtzigerjahren und eindeutig in den Millenniumsjahren ersichtlich (Abbildung 12 Implizites Wissen durch Nachahmen (v2.2.3b)). Es scheint am Naschmarkt die Nachahmung des reinen Zusehens zu überwiegen. Folglich findet hier schon eine Wissensübertragung und nicht eine reine Informationsweitergabe statt (Abbildung 11 Implizites Wissen durch Zusehen (2.2.3a)).

Fähigkeit durch Mitschrift

Wenn die Wissensübertragung durch „persönliche Mitschriften" erfolgte dann kann man aufgrund der erstmalig eindeutigen Aussagen am Stadtmarkt klar die Aussage treffen, dass Mitschriften eindeutig keinen Stellenwert in der Wissensweitergabe darstellen (Abbildung 13 Implizites Wissen aus Mitschriften (v2.2.3c)). Am Wiener Naschmarkt ist die gleiche Aussage zu treffen und beinahe sogar in gleicher

Deutlichkeit zu bestätigen. Es muss jedoch erwähnt werden, dass sich eventuell im letzten Jahrzehnt am Naschmarkt ein Umschwung eingestellt hat. Dabei kann es sich jedoch auch um einen statistischen Ausreißer handeln.

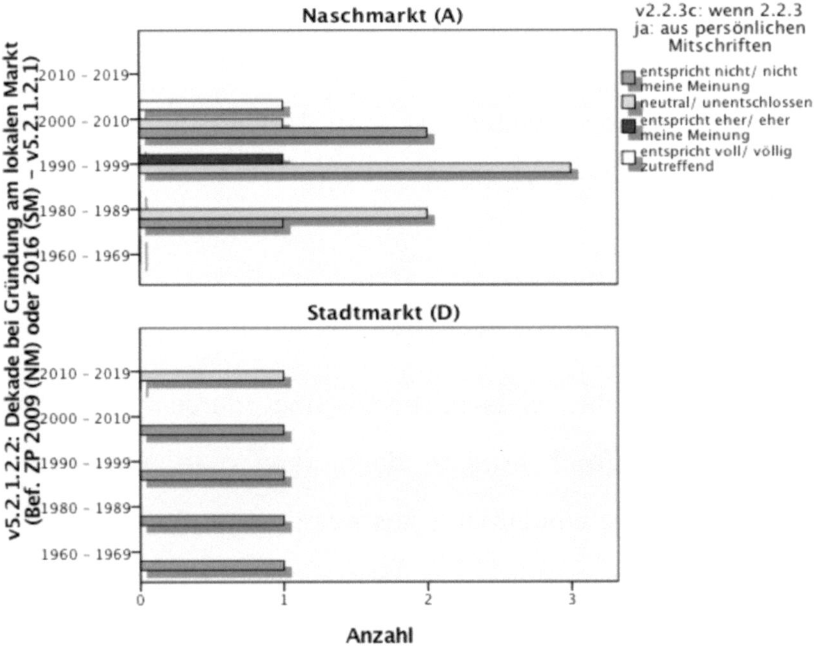

Abbildung 13 Implizites Wissen aus Mitschriften (v2.2.3c)

Fertigkeit durch Mitarbeit

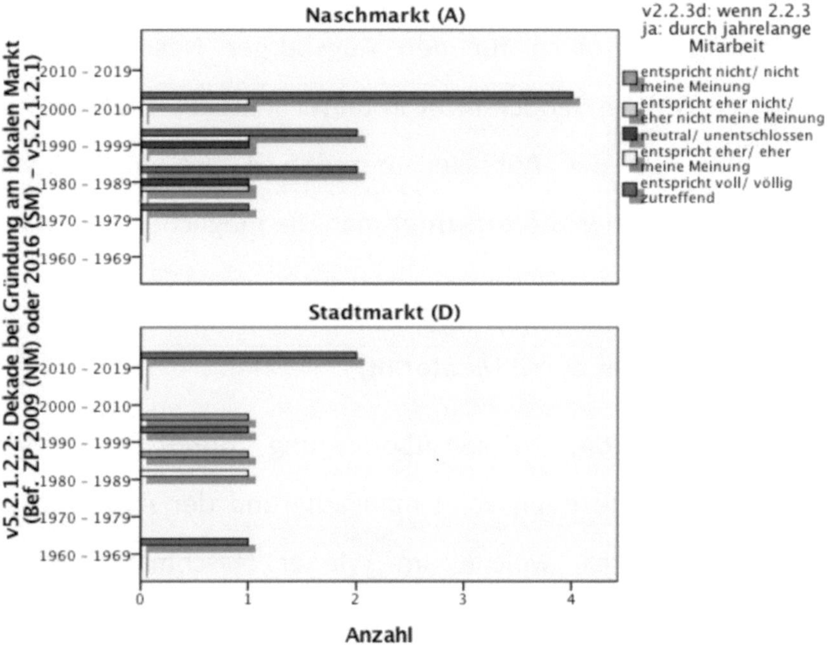

Abbildung 14 Implizites Wissen durch jahrelange Mitarbeit (v2.2.3d)

Wenn die Wissensübertragung durch „Mitarbeit" erfolgte, dann kann man aufgrund des „völligen entsprechens" der Aussage klar feststellen, dass am Naschmarkt die Vermutung nahe liegt, dass die derzeitigen Eigentümer entweder schon von Kindesjahren an in den Unternehmen tätig sind, oder langjährige Mitarbeiter die entsprechenden

Unternehmen übernommen haben (Abbildung 14 Implizites Wissen durch jahrelange Mitarbeit (v2.2.3d)). Dies ist auch für den Augsburger Naschmarkes zu erkennen, jedoch nicht in dieser Klarheit, das es auf die Menge der Aussagen bezogen 4 pro zu 2 kontra Stimmen gibt (betrachtet man die möglichen Extremata).

Fertigkeit durch Mentoring

Wenn die Wissensübertragung durch „Mentoring " erfolgte dann kann man aufgrund der Aussagen der Beschicker, welche am Wiener Naschmarkt getätigt wurden, vermuten, dass im Zuge einer Übernahme eines Standes in den Achtzigerjahren ein Mentoring und folglich ein etwaiges Verbleiben der ehemaligen Eigentümer im Betrieb nicht angedacht wurde. Es ist anzunehmen, dass die Unternehmen zu diesem Zeitpunkt käuflich erworben wurden und folglich eine innerfamiliäre Übergabe nicht zwingend bestätigt werden kann. Erst in den letzten Jahrzehnten scheint sich hier eine Änderung am Naschmarkt zu vollziehen. Es wird vermutet, dass hierbei eine innerfamiliäre Weitergabe stattfinden kann . Zusätzlich kann es aus Kapitalmangel des Übernehmers auch zu einer Art Teilhaberschaft am Unternehmen kommen. Am Augsburger Stadtmarkt hingegen kann dies genau anders beobachtet werden. Eine Übernahme in den Sechzigerjahren könnte innerfamiliär geschehen sein als auch durch externe Übergabe. Leider sind die Daten dahingehend nicht eindeutig. Es würde jedoch sehr interessant sein in dieser Causa weiter nachzuforschen (Abbildung 15 Implizites Wissen durch Mentoring (v2.2.3e)).

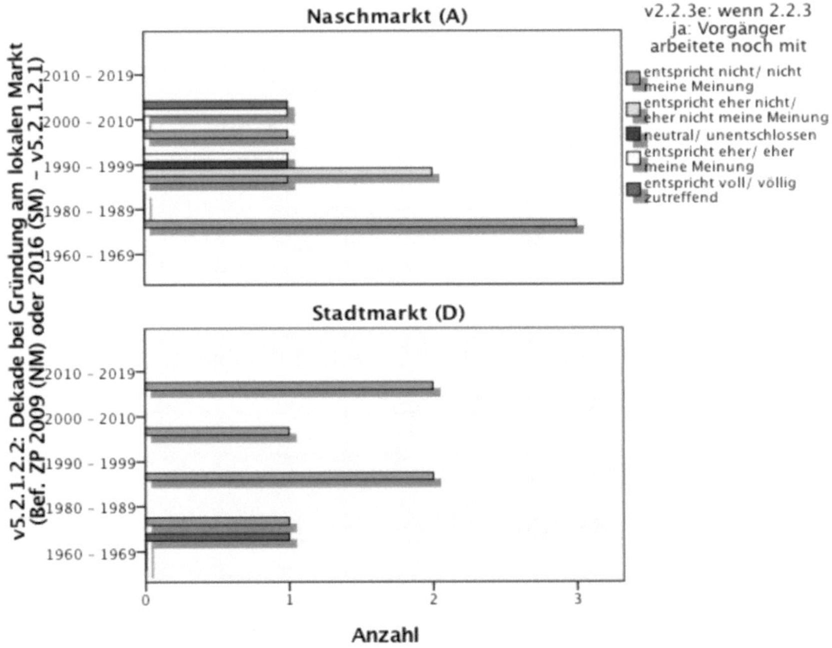

Abbildung 15 Implizites Wissen durch Mentoring (v2.2.3e)

Fertigkeit durch Sozialisation

Wenn die Wissensübertragung durch „Aufwachsen" erfolgte dann kann man aufgrund der erst 2016 gestellten Frage leider keinen Vergleich mit dem Wiener Naschmarkt anstellen. Nichtsdestotrotz handelt es sich dabei um eine interessante Fragestellung. Überwiegend scheint es am Augsburger Stadtmarkt

Unternehmen zu geben, mit welchen die jetzigen Beschicker emotional stark verbunden sind (Abbildung 16 Implizites Wissen mit Unternehmen aufgewachsen (v2.2.3g)). Die Betreiber sind mit dem Unternehmen aufgewachsen und identifizieren sich mit dem Standort. Leider ist in solchen Konstellationen die Gefahr gegeben, dass das Unternehmen in die Bedrohung kommen kann in die Liebhaberei abzurutschen. Hierbei identifiziert man sich mehr mit dem Unternehmen, als dies wirtschaftlich tragbar wäre. Dies kann daher über längere Zeiträume zur bereits bekannten Selbstständigenverarmung führen. Leider kann durch die Fragestellung nicht auf eine Familienzugehörigkeit rückgeschlossen werden.

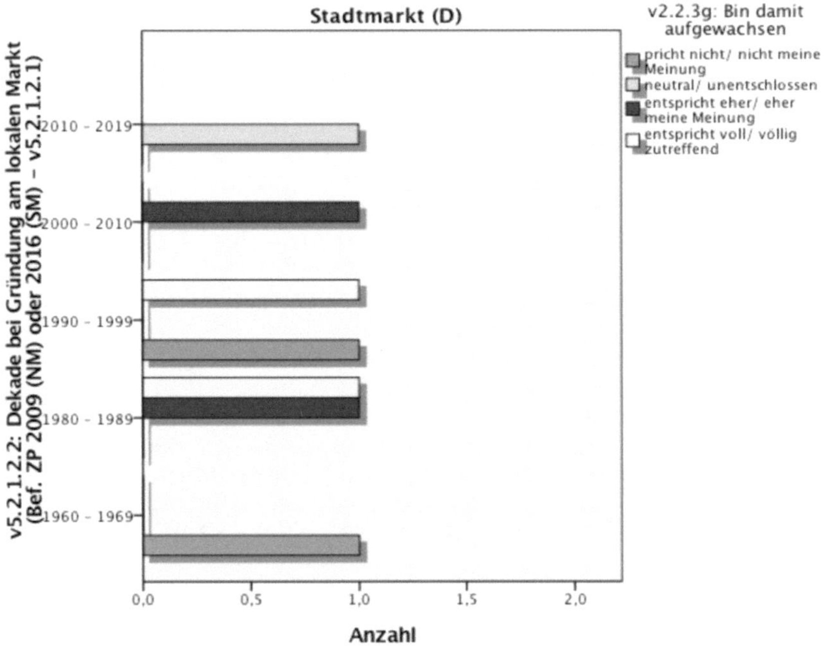

Abbildung 16 Implizites Wissen mit Unternehmen aufgewachsen (v2.2.3g)

Fertigkeit verloren

Wenn die Wissensübertragung durch „nichts vom Vorgänger gelernt" erfolgte und folglich verloren ging, dann kann man aufgrund der Antworten der Wiener Naschmarkt Beschicker rückschließen, dass es seit den Neunzigerjahren in der Übergabekultur eine vermehrte Inhaltslosigkeit gegeben hat. Wobei die Transformation des Marktes sicher ausschlaggebend war. Es wurden diverse Unternehmen von klassischen Grünmarktständen zu Gastronomieständen ausgebaut. Hier ist ein Lernen vom Vorgänger per se nicht möglich und meinst auch nicht sinnvoll, da jener meist in einer ganz anderen Branche tätig war (Abbildung 17 Implizites Wissen ging verloren (v2.2.3f)). Am Augsburger Stadtmarkt hingegen hat man zumeist von seinem Vorgänger gelernt und es bestätigt sich folglich die beständige Branchentreue auf diesem Standort.

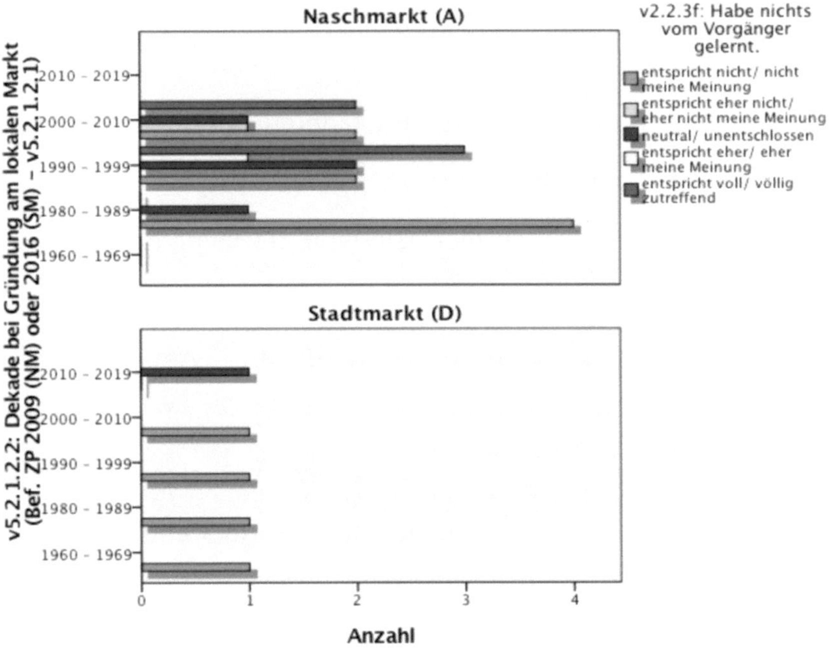

Abbildung 17 Implizites Wissen ging verloren (v2.2.3f)

Unternehmensstruktur

Unternehmensform der Beschicker

Die verbreitetste Unternehmensform der Unternehmen ist noch immer das traditionelle Einzelunternehmen. Jene sind im Allgemeinen leicht zu gründen und betriebswirtschaftlich überschaubarer – wenn auch nicht immer wirtschaftlich sinnvoller. Auf dem Wiener

Naschmarkt kommt es zu einer Vielzahl von verschiedenen Ethnien und zu ebenso vielseitigen Rechtsformen der Unternehmen. In Deutschland überwiegt das Einzelunternehmen jedoch eindeutig. Bei der Befragung wurde einmal keine Angabe über die Rechtform (-99) und einmal eine Kapitalgesellschaft angegeben. Alle anderen Beschicker gaben Einzelunternehmen als Rechtsform an (Abbildung 18 Rechtsform der Unternehmen (v5.2.2.5)).

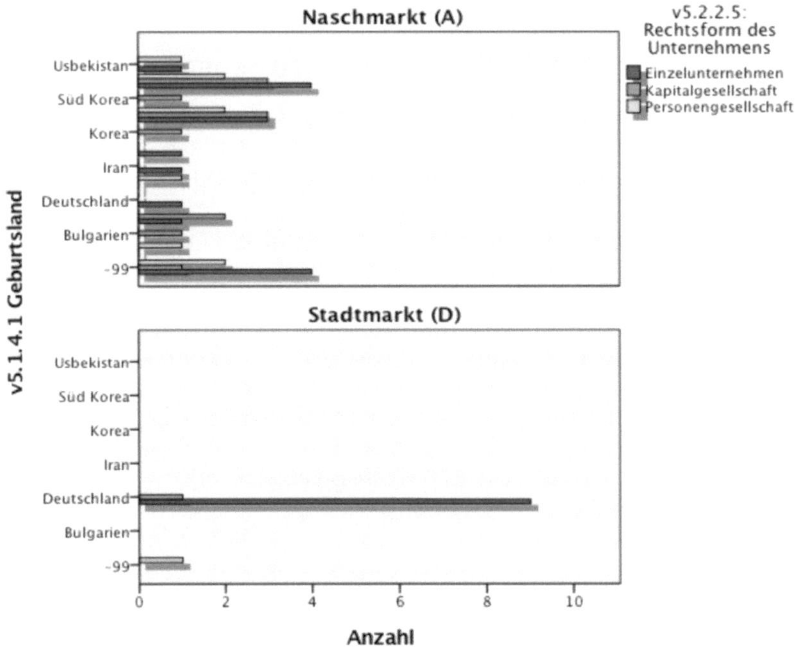

Abbildung 18 Rechtsform der Unternehmen (v5.2.2.5)

Lokale Unternehmenszusammengehörigkeit

Ähnlich wie beim Wiener Naschmarkt auf welchem lokale Händler bis zu acht zusammengehörige Unternehmen unterhalten, findet man am Augsburger Stadtmarkt ebenfalls Unternehmungen mit mehreren Standorten. Jene maximale Anzahl von Unternehmen eines Betreibers übersteigt die Zahl fünf in Augsburg nicht. Es scheint sich folglich, auf Zeit gesehen, ebenfalls eine Monopolstruktur am Standort aufzubauen (Abbildung 19 Lokale Unternehmenszusammengehörigkeit (5.2.2.7)).

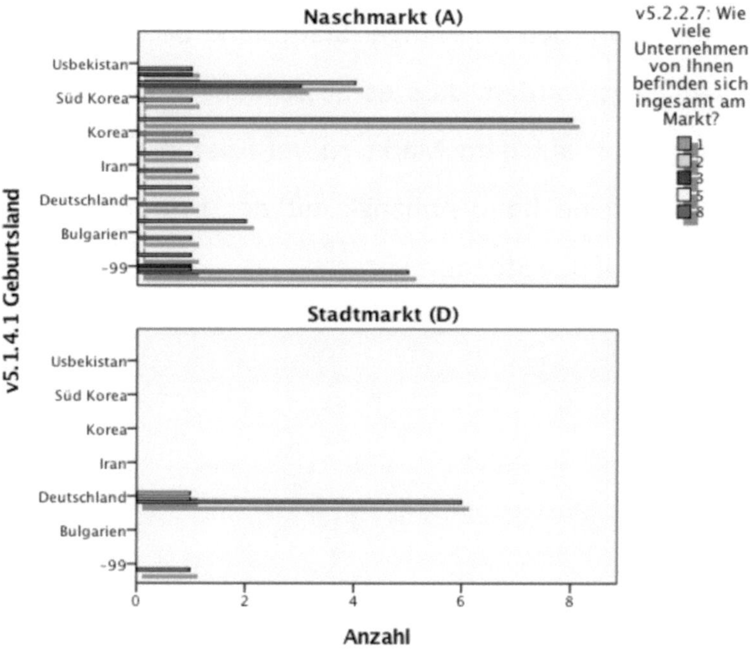

Abbildung 19 Lokale Unternehmenszusammengehörigkeit (5.2.2.7)

Marktverbreitung nach Gründungsjahren

Besonders bei Unternehmen welche am Naschmarkt in den Neunzigerjahren gegründet wurden stellt man fest das jene nicht nur auf einem Markt tätig waren (Abbildung 20 Regionale Monopolstellung der Märkte (v5.2.2.8)). Den Augsburger Stadtmarkt betreffend kann dargelegt werden, dass es ausschließlich eine alleinige Präsenzen auf dem Markt zu verifizieren gab. Es liegt folglich eine hohe Abhängigkeit der Unternehmen im Bezug auf den Standort vor.

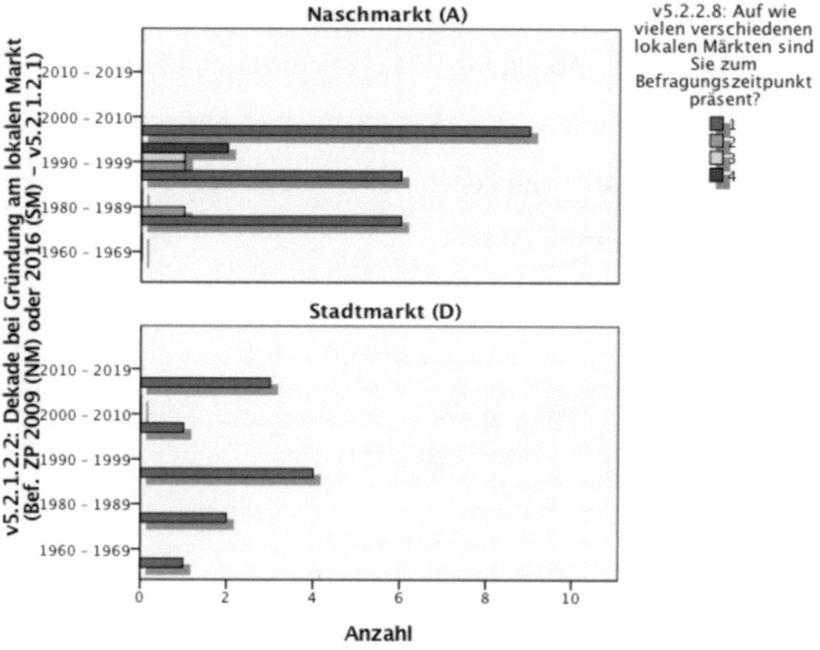

Abbildung 20 Regionale Monopolstellung der Märkte (v5.2.2.8)

Leistungsschwerpunkte des Unternehmens

Der Wiener Naschmarkt wird durch die Gastronomie als Leistungsschwerpunkt dominiert. Dieses Marktsegment wird dabei hauptsächlich von Österreichern betrieben, welche zumeist jedoch nicht gebürtige Österreicher sind. Am Augsburger Stadtmarkt hingegen konnte der Bereich der Dienstleistungen als Leistungsschwerpunkt ermittelt werden (Abbildung 21 Leistungsschwerpunkte der Unternehmen (v 5.2.2.3)), welcher am Wiener Naschmarkt hingegen einen zu vernachlässigenden Stellenwert einnimmt.

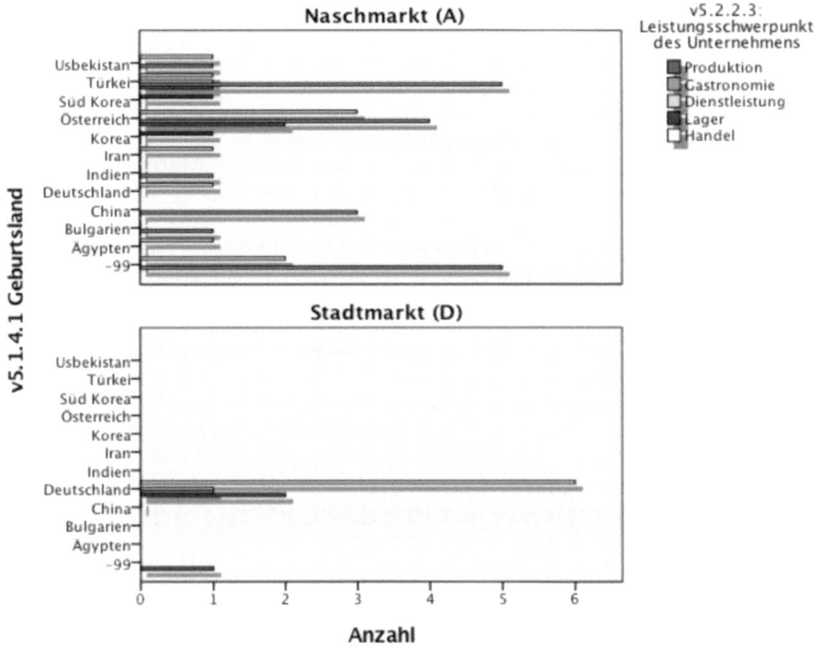

Abbildung 21 Leistungsschwerpunkte der Unternehmen (v 5.2.2.3)

Da eine Auswertung in Bezug auf die Geburtsländer aufgrund der Homogenität der deutschen Beschicker nur in gewissen Bereichen sinnvoll ist, wird nachstehend auf eine Aufteilung nach EU-Gründungs- und EU-Erweiterungsstaaten als auch Großräumen verzichtet.

Kundenstruktur

Die Kundenstruktur ist bei Unternehmungen, als auch regionalen Clustern, eine der wichtigsten wirtschaftlichen Eckpunkte. Grund hierfür ist die Möglichkeit der Sicherung des Absatzes für eine gewisse Zeitspanne. Es wurde folglich zwischen Stamm- und Laufkundschaft unterschieden, um deren stetige Präsenz am Standort zu evaluieren. Darüber hinaus wurde versucht die Entwicklung der Kundenstruktur aufzuzeigen. Dazu wurde jene zum Zeitpunkt der Gründung in Relation zum Befragungszeitraum gesetzt.

Kundenstruktur bei Gründung

Stammkunden Ansässige

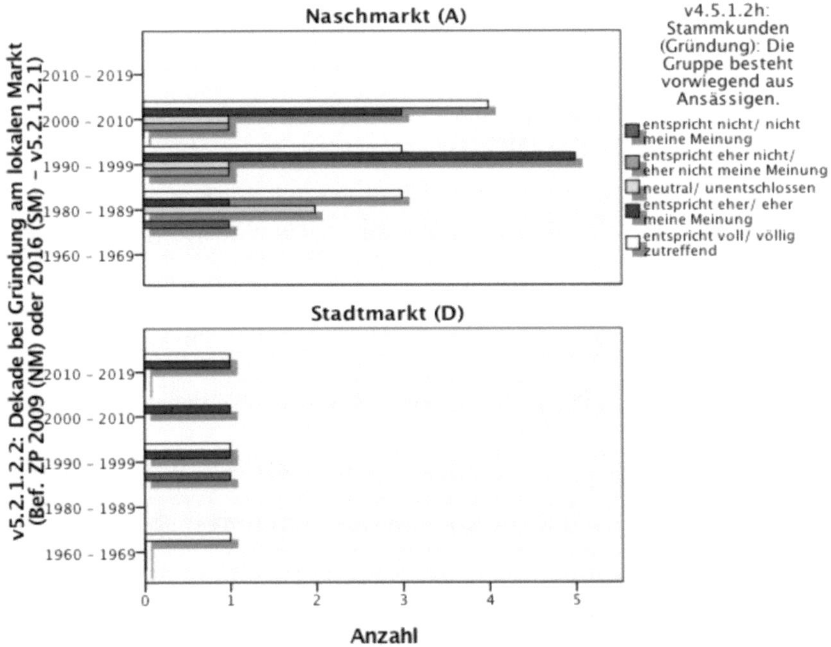

Abbildung 22 Stammkundschaft Ansässige bei Unternehmensgründung (v4.5.1.2h)

Stammkunden bilden dabei das Rückgrat eines jeden Unternehmens. Es ist folglich oberste Prämisse Kunden zu akquirieren und zu halten, um ein wirtschaftliches Fundament für das Unternehmen zu schaffen. Hierbei regieren die Unternehmen des Wiener Naschmarktes und des Augsburger Stadtmarktes gleich. Die eindeutige

Mehrzahl der Beschicker erachtet die Wichtigkeit der Stammkunden bei Gründung als essentiell (Abbildung 22 Stammkundschaft Ansässige bei Unternehmensgründung (v4.5.1.2h)).

Stammkunden Touristen

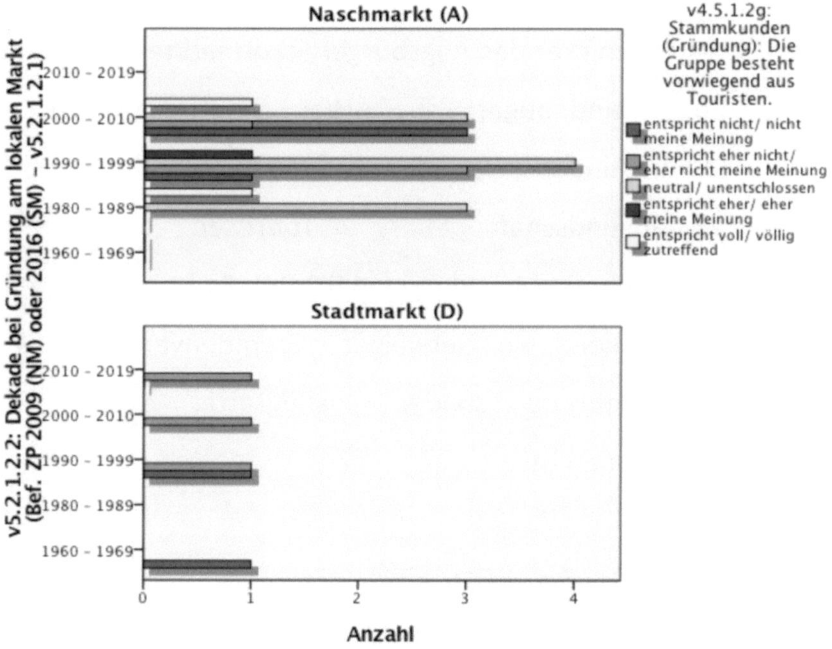

Abbildung 23 Stammkundschaft Touristen bei Unternehmensgründung (v4.5.1.2g)

Falls die Stammkunden bei der Gründung jedoch vorwiegend der Gruppe der Touristen zugeordnet werden scheint sich die Eindeutigkeit dieser Aussage abzuschwächen. Der von Touristen seit jeher beeinflusste Wiener Naschmarkt entspricht in Bruchstücken noch eher den Aussagen. Gibt sich jedoch überwiegend unentschlossen oder neutral. Die Antwort der Beschicker des Augsburger Stadtmarktes fällt jedoch noch eindeutiger aus. Hier sind Touristen als Stammkunden nicht identifiziert worden Abbildung 23 Stammkundschaft Touristen bei Unternehmensgründung (v4.5.1.2g). Es ist anzunehmen, dass hier ein etwaiger Fremdenverkehr nicht wiederkehrend sonder ausflugsartig einmalig zu verzeichnen ist.

Laufkunden Ansässige

Besonders ab den Achtzigerjahren wurde die Gruppe der ansässigen Laufkundschaft bei Gründung als sehr wichtig identifiziert (Abbildung 24 Laufkundschaft Ansässige bei Unternehmensgründung (v4.5.1.1)). Dies kann in gleichem Ausmaß für den Augsburger Stadtmarkt bestätigt werden.

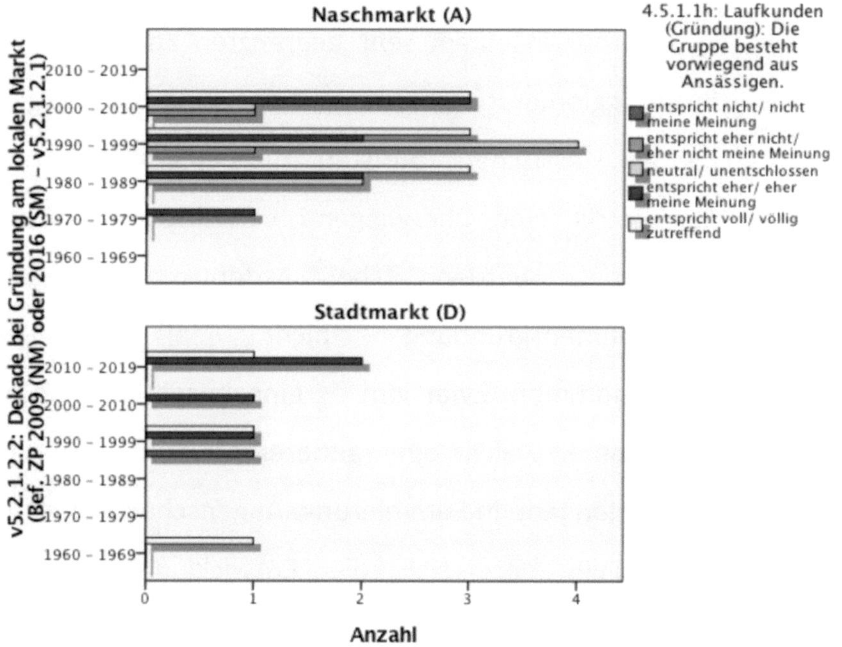

Abbildung 24 Laufkundschaft Ansässige bei Unternehmensgründung (v4.5.1.1)

Laufkunden Touristen

Touristen bilden meist die Kategorie der Laufkundschaft, da jene nur in einem sehr begrenzten Zeitfenster die Clusteragglomeration besuchen. Es handelt sich folglich um den klassischen Touristen. Hierbei ergibt sich am Naschmarkt eine überwiegend verneinende Haltung. Touristen werden bei der vergangenen Unternehmensgründung nicht als Kunden wahrgenommen. Zwar gibt es eine beachtliche Anzahl von Stimmen welche einer anderen Meinung sind, doch unterliegen jene in Summierung. Augenscheinlich ist auf jeden Fall, dass sich die Entwicklung, seit der Unternehmensgründungen , verändert hat. Gab es in den Sechzigerjahren noch keinerlei Anzeichen von touristischem Aufkommen, so änderte sich diese Wahrnehmung anhaltend bis 2010. Den Augsburger Stadtmarkt betreffend ist eindeutig zu bestätigen, dass dem Aufkommen von touristischen Kunden kein Stellenwert eingeräumt werden kann. Zum Gründungszeitpunkt waren keine Touristen zu verzeichnen (Abbildung 25 Laufkundschaft Touristen bei Unternehmensgründung (v4.5.1.1g)).

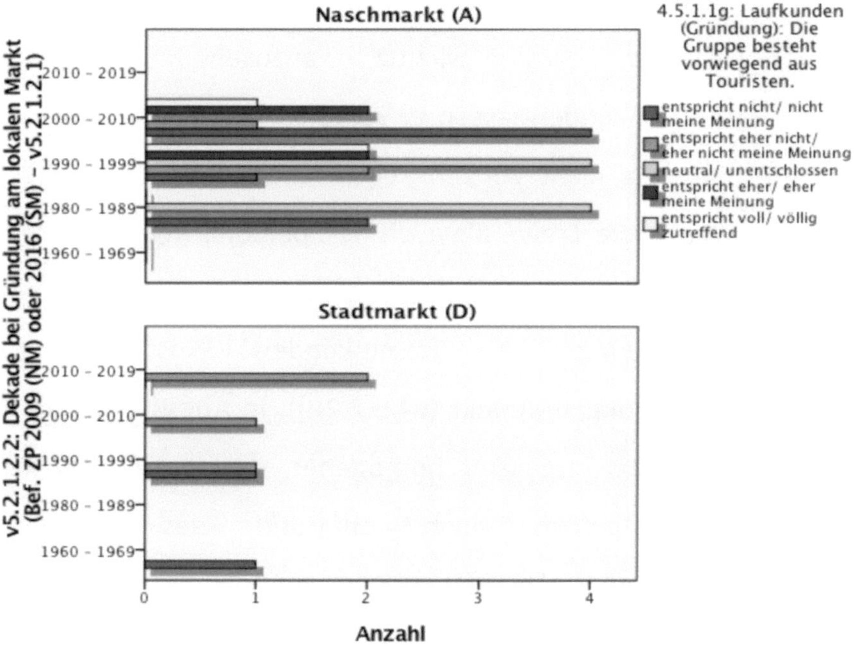

Abbildung 25 Laufkundschaft Touristen bei Unternehmensgründung (v4.5.1.1g)

Kundenstruktur zum Befragungszeitpunkt

Stammkunden Ansässige

Stammkunden sind in jedem Fall, klassisch für beide Märkte, als wichtig anzusehen. Besonders Stammkunden lassen in volatilen Zeiten wie heute den Umsatz nicht zu sehr einbrechen. Dies ist einerseits durch die Treue, als auch den persönlichen und folglich sozialen Kontakt zu den Endkonsumenten zu begründen (Abbildung 26 Stammkunden Ansässige zum Befragungszeitpunkt (v4.5.2.2h)). In Augsburg wirkt das Ergebnis insgesamt homogener, diesen Eindruck kann sich jedoch auch aufgrund des geringeren Stichprobenrücklaufs suggerieren.

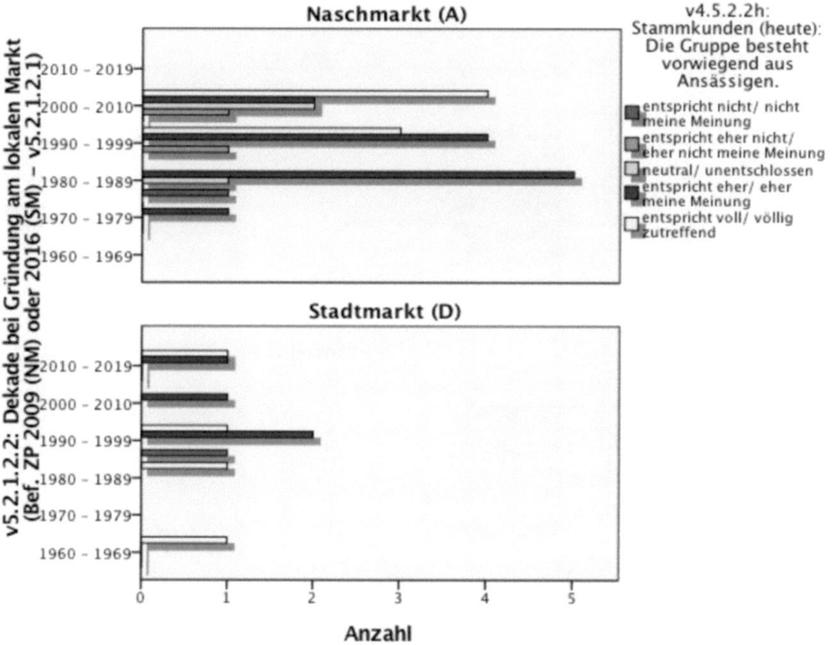

Abbildung 26 Stammkunden Ansässige zum Befragungszeitpunkt (v4.5.2.2h)

Stammkunden Touristen

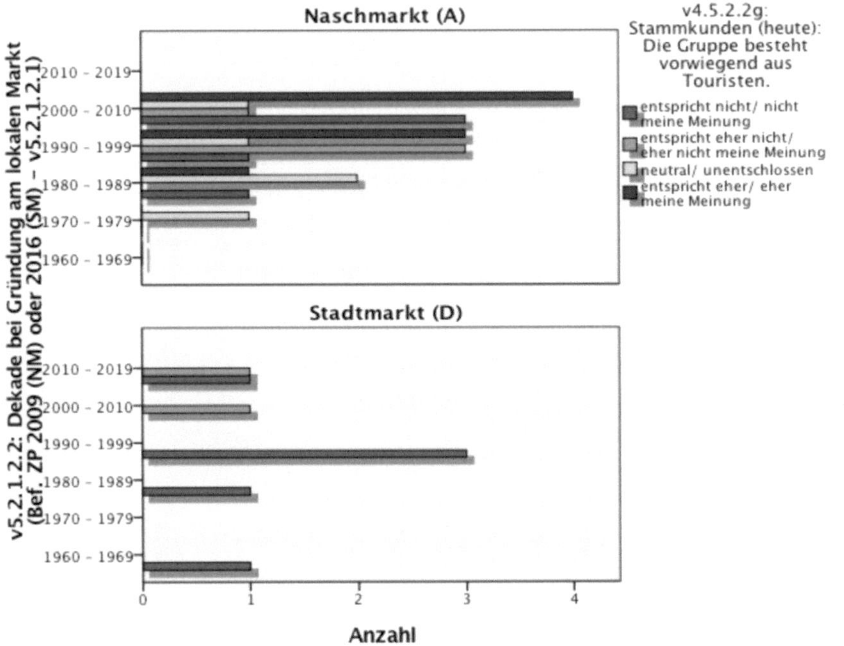

Abbildung 27 Stammkunden Touristen zum Befragungszeitpunkt (v.4.5.2.2g)

Heute bestehen die Stammkunden vorwiegend aus Touristen wenn man die Aussagen der Beschicker des Wiener Naschmarkts betrachtet. Dies kann auf international wiederkehrendes Publikum deuten oder auf die Gegebenheit, dass es keinerlei einheimische Kunden am Standort mehr gäbe. Je später die

Unternehmen gegründet wurden, desto eindeutiger wird diese Aussage. Am Augsburger Stadtmarkt hingehen ist die Aussage nur tendenziell zu verzeichnen (Abbildung 27 Stammkunden Touristen zum Befragungszeitpunkt (v.4.5.2.2g)). Touristen spielen als Stammkunden auf diesem Markt keine wesentliche Rolle.

Laufkunden Ansässige

Zum Befragungszeitpunkt, des Wiener Naschmarkts (2010) und des Augsburger Stadtmarktes (2016) wurde das Laufkundenaufkommen durch Ansässige wie folgt wahrgenommen. Aufgrund der Aktualität kann die Situation zum Befragungszeitraum besser beurteilt werden als zum Zeitpunkt der Gründung. Für den Wiener Naschmarkt zeigt sich in der Analyse der aktuellen Kundenstrukturdaten, dass regionale Laufkundschaft einen besonders hohen Stellenwert für die Marktbeschicker einnimmt (Abbildung 28 Laufkundschaften Ansässige zum Befragungszeitpunkt (v4.5.2.1h)). Dieser Trend ist am Augsburger Stadtmarkt ebenso zu verzeichnen.

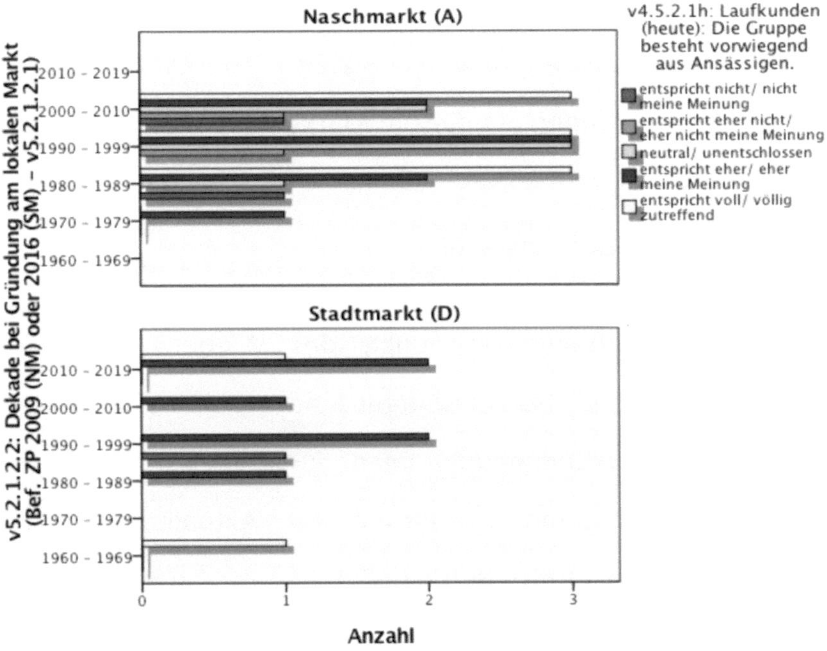

Abbildung 28 Laufkundschaften Ansässige zum Befragungszeitpunkt (v4.5.2.1h)

Laufkunden Touristen

Der Vollständigkeit wurde die Fragestellung dahingehend formuliert, um die Gesamtheit der Möglichkeiten abzudecken. Nach der

Vergleichsauswertung wurde jedoch ein ganz neuer Forschungszugang augenscheinlich. Besonders am Naschmarkt scheinen die Beschicker gewisse Kunden zwar als Touristen zu benennen, jene jedoch aufgrund ihrer häufigen Wiederkehr sogar als Stammkunden zu titulieren (Abbildung 29 Laufkundschaften Touristen zum Befragungszeitpunkt (v4.5.2.1g)). Hierbei mischt sich die Voraussetzung, dass Wien als Weltstadt, ein anderes Einzugsgebiet als Augsburg aufzuweisen scheint. In Augsburg hingegen ist das zu erwartende Ergebnis bestätigt, dass im Grunde genommen Touristen weder als Stamm- noch Laufkunden gesehen werden.

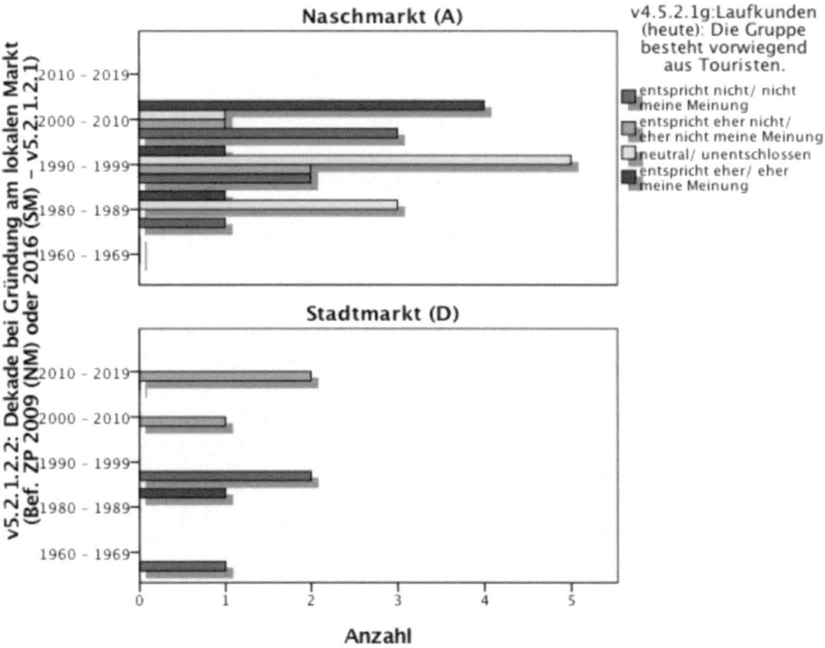

Abbildung 29 Laufkundschaften Touristen zum Befragungszeitpunkt (v4.5.2.1g)

Produktionsschwerpunkte gestern und heute

Handel mit Blumen im Befragungsjahr

Der Verkauf von Blumen war im Erhebungsjahr des Naschmarktes noch kein wichtiger oder zumindest berücksichtigter Handelszweig. Dies unterscheidet ihn maßgeblich zu der schon frühen Gründung am

Augsburger Stadtmarkt. Hier wurden bereits zwei Unternehmen in dem empirisch belegbaren Zeitraum entdeckt. Besonders interessant erscheint hier die wirklich frühe Gründung eines Unternehmens, welches seit den Sechzigerjahren mit Blumen handelt (Abbildung 30 Handel mit Blumen zum Befragungszeitpunkt (v5.2.2.13b)). Dies wurde bei der Erhebung nicht vermutet und bestätigt die positiven Einflüsse der explorativen quantitativen Forschung. Besonders im Zusammenhang, dass am Wiener Naschmarkt erst 2009 darüber nachgedacht wurde in Zukunft mit Blumen zu handeln.[4]

[4] Wolfsteiner, C., 2015, S. 433

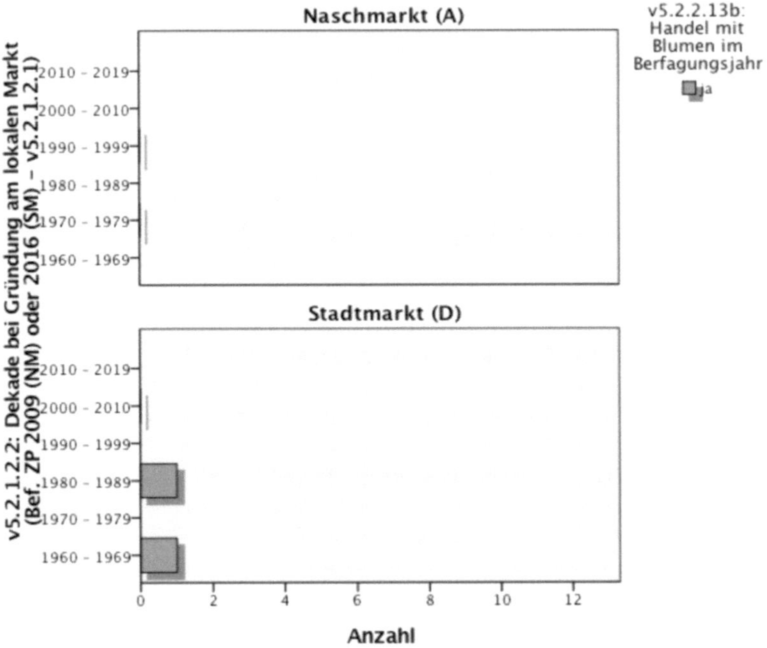

Abbildung 30 Handel mit Blumen zum Befragungszeitpunkt (v5.2.2.13b)

Handel mit Blumen in mittelfristiger Zukunft

Am Augsburger Stadtmarkt ist jedoch eindeutig zu verzeichnen, dass es zum Befragungszeitpunkt als auch in Zukunft Interesse an der Gründung und Beibehaltung von Unternehmen im Blumenhandel gibt.

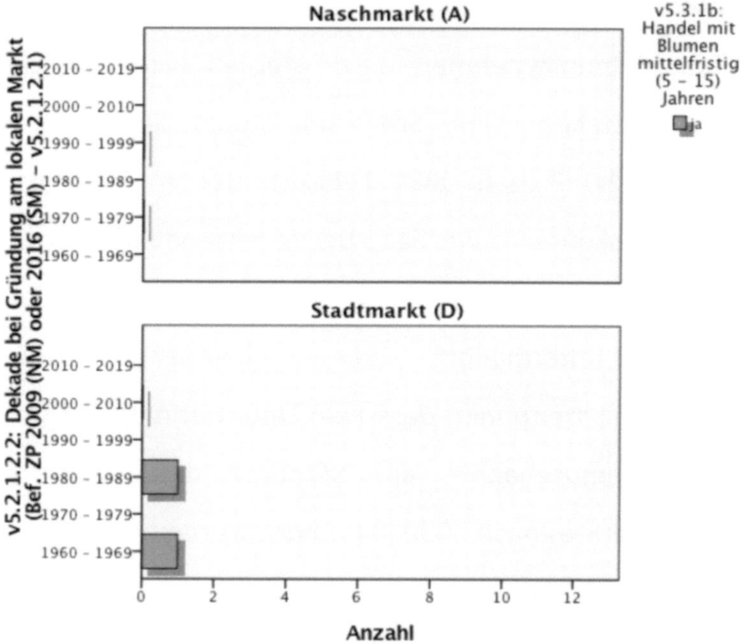

Abbildung 31 Handel mit Blumen in mittelfristiger Zukunft (v5.3.1b)

Handel mit Obst und Gemüse im Befragungsjahr

Es wurde festgestellt, das am Naschmarkt besonders im Befragungszeitraum zwischen 2000 und 2010 die Gründung von Unternehmen mit Obst und Gemüsehandel zu verzeichnen war. Dies war schon bei der Publikation 2015 verwunderlich, da seit geraumer Zeit die Unternehmensform des Lebensmitteldiskonters besonders im Bereich Obst und Gemüse die Renditen von Kleinunternehmen unter starken wirtschaftlichen Druck stellen. Laut Ernährungsstudie 2002 werden bereits 50 Prozent aller Lebensmittel im Supermarkt oder Diskonter erworben, bei Milchprodukten sind es sogar 82 Prozent, bei Obst und Gemüse 74 Prozent.[5] Dies untermauert die Gegebenheit zum Befragungszeitpunkt, dass kein Unternehmen mit Obst- und Gemüsehandel am Standort des Augsburger Stadtmarktes nach 2000 gegründet wurde (Abbildung 32 Handel mit Obst und Gemüse zum Befragungszeitraum (v5.2.2.13a)).

---

[5] Kühschelm, O., 2005, S. 51

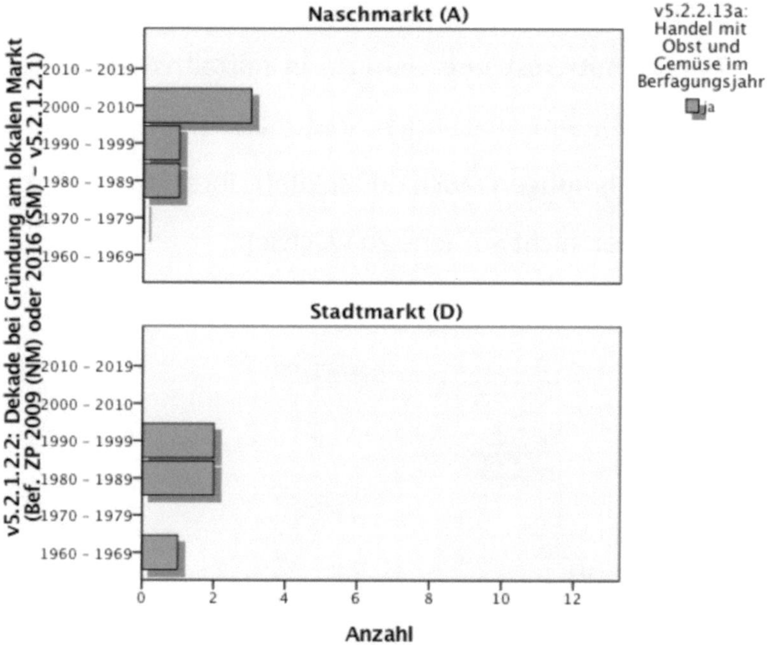

Abbildung 32 Handel mit Obst und Gemüse zum Befragungszeitraum (v5.2.2.13a)

Handel mit Obst und Gemüse in mittelfristiger Zukunft

Beim angestrebten zukünftigen Handel mit Obst und Gemüse zeigt die Befragung der Beschicker des Wiener Naschmarkts, dass die zukünftigen Branchentreue der Beschicker abnehmen wird, da dies wirtschaftlich keinen Sinn mache. Es kann bei den in den Neunzigern gegründeten Unternehmungen sogar eine völlige

Neuorientierung verzeichnet werden (Abbildung 33 Handel mit Obst und Gemüse in mittelfristiger Zukunft (v5.3.1a)). Am Augsburger Stadtmarkt hingegen sind die Unternehmungen auch in Zukunft ihrer Branche treu und haben nicht vor jene zu wechseln.

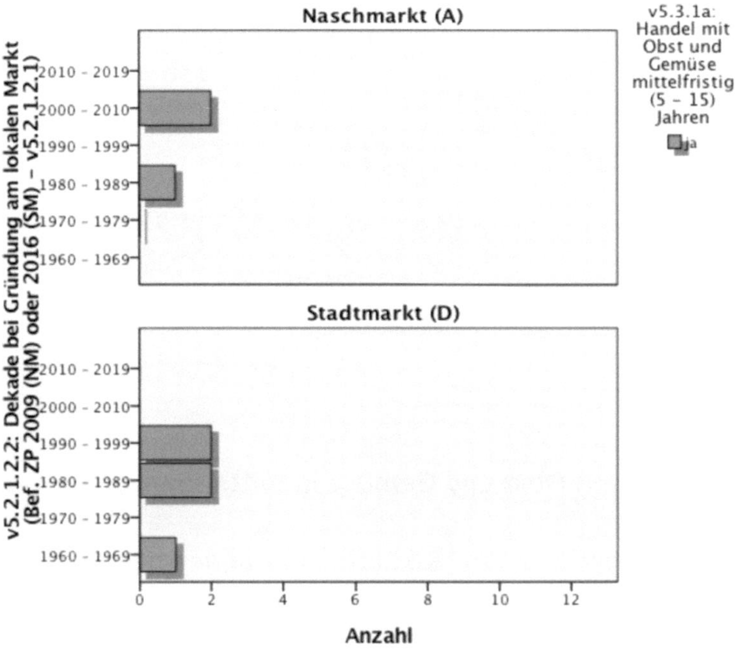

Abbildung 33 Handel mit Obst und Gemüse in mittelfristiger Zukunft (v5.3.1a)

Kleine Gastronomie im Befragungsjahr

Die kleine Gastronomie hat besonders in den letzten Jahren an Wichtigkeit bei Unternehmensgründungen am Standort Naschmarkt erreicht. Hier ist ein regelrechter Boom seit den Achtzigerjahren zu verzeichnen. Am Augsburger Stadtmarkt hingegen scheint diese Art von Gewerbe erst zögerlich ihren Einzug zu finden (Abbildung 34 Kleine Gastronomie im Befragungsjahr (v5.2.2.13e)). Es ist zu vermuten, dass hier besonders traditionelle Gewerbe von den Endkonsumenten gesucht werden und sich folglich nur langsam neue Unternehmen etablieren. Dies würde auch die Problematik der ungeliebten längeren Öffnungszeiten erklären, da hier angenommen werden kann, dass der Markt als reiner Nahversorger zu verstehen ist und von Kunden derzeit noch weniger als hedonistischer, luxuriöser und eventorientierter Markt, wie dies der Wiener Naschmarkt ist, gesehen wird.[6]

---

[6] Vgl. Wolfsteiner, C., S. 8, 2015

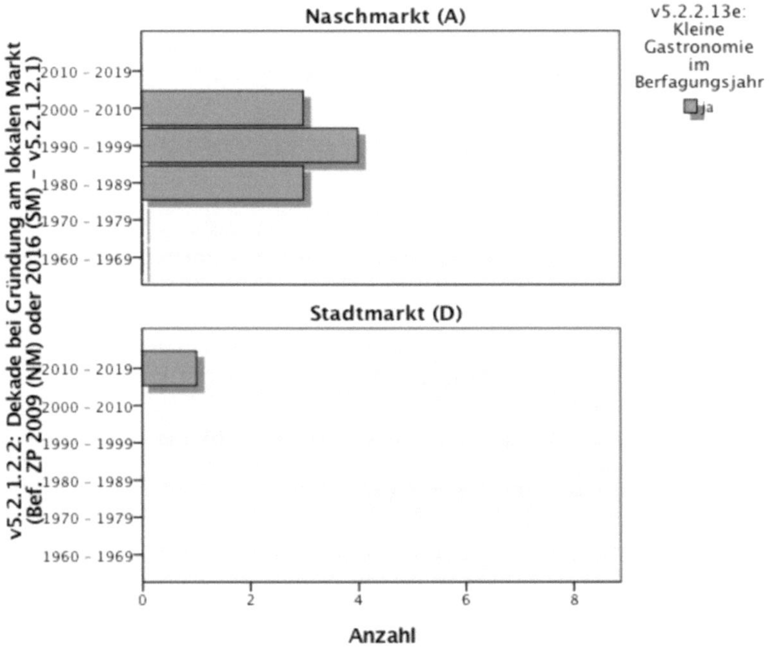

Abbildung 34 Kleine Gastronomie im Befragungsjahr (v5.2.2.13e)

Große Gastronomie im Befragungsjahr

Die Große Gastronomie erlebte ihren Boom am Naschmarkt zum selben Zeitpunkt wie die Kleine Gastronomie, nämlich in den Neunzigerjahren. Hierbei war das Aufkommen jedoch mengenmäßig größer als bei der Kleinen Gastronomie. Dies könnte man sich aufgrund der stetigen Präsenz von Großer Gastronomie am Standort, welche seit den Siebzigerjahren zu verzeichnen ist, erklären. Man war es folglich gewohnt, gediegen, am Standort essen zu können. Jene Gediegenheit wurde am Wiener Naschmarkt vehement ausgebaut und gehört mittlerweile zu seinem neuen Erscheinungsbild. Am Augsburger Stadtmarkt wurde ebenfalls in den letzten Jahrzehnten in die Große Gastronomie investiert. Es ist hierbei zwar nicht eine so lange Entstehungsgeschichte zu beschreiben, dies könnte jedoch darauf zurückzuführen sein, dass die Rücklaufquote nicht dem Ausmaß der Naschmarktbefragung entsprach. Es ist jedoch eindeutig zu belegen, dass ein Anwachsen des Aufkommens zu verzeichnen ist (Abbildung 35 Große Gastronomie im Befragungsjahr (v5.2.2.13f)).

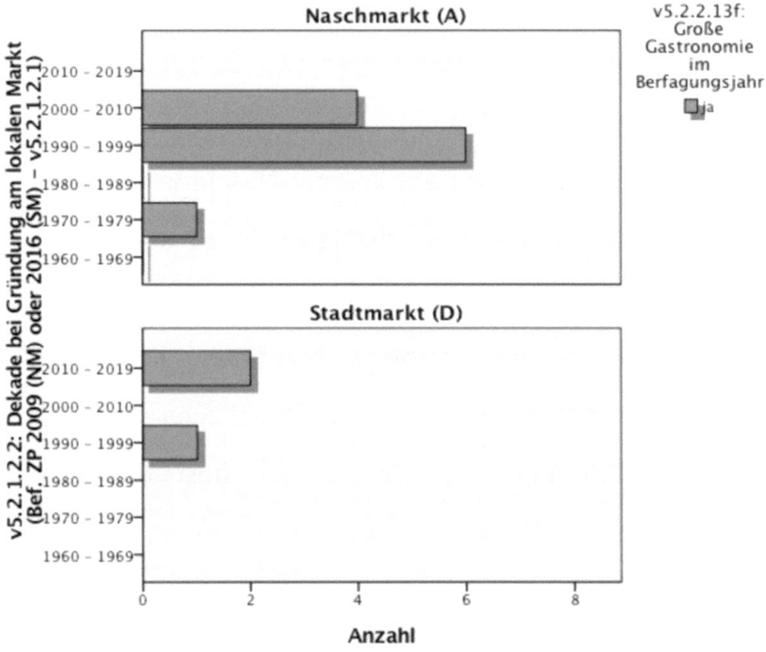

Abbildung 35 Große Gastronomie im Befragungsjahr (v5.2.2.13f)

Kleine Gastronomie in mittelfristiger Zukunft

Die Kleine Gastronomie wird in mittelfristiger Zukunft, bezogen auf das Befragungsjahr, keinen derartigen „Boom" verzeichnen. Nur bei den Gründern in den Neunzigerjahren ist ein Anwachsen in dieser Sparte zu sehen, welches sich jedoch in Relation zur Grundgesamtheit marginal darstellt. Es bleibt folglich am Wiener Naschmarkt ein konstantes, leicht steigendes

Angebot von Kleiner Gastronomie vorhanden. Am Stadtmarkt im Augsburg hingegen kann man eindeutig nachweisen, dass das Interesse an der Kleinen Gastronomie besonders bei Jungunternehmern gegeben ist und sich hierbei sogar verdoppeln könnte, wenn es keine Einschränkungen der Stadtgemeinde geben würde (Abbildung 36 Kleine Gastronomie in mittelfristiger Zukunft (v5.3.1e)).

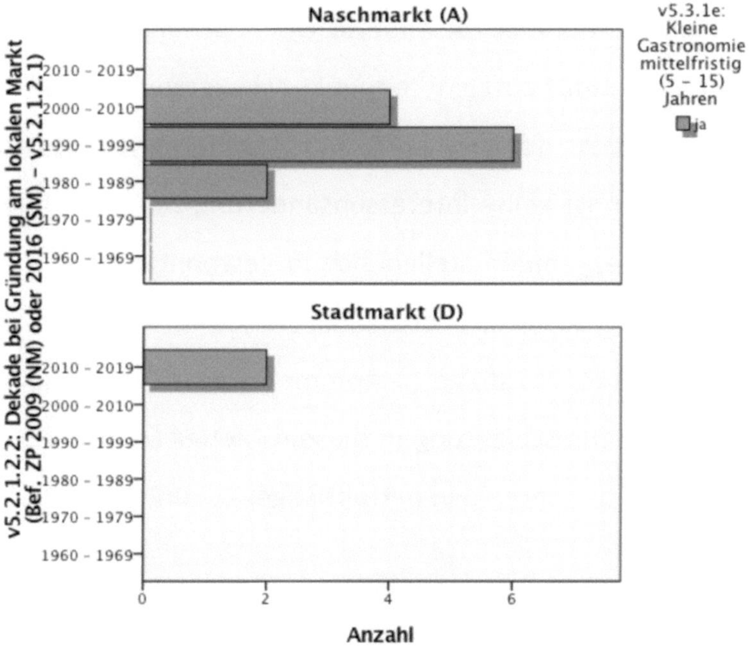

Abbildung 36 Kleine Gastronomie in mittelfristiger Zukunft (v5.3.1e)

Große Gastronomie in mittelfristiger Zukunft

Die Große Gastronomie verzeichnet am Naschmarkt in Summe ein starkes Interesse. In Zukunft wird sich jedoch das Interesse von frisch gegründeten Gastronomieunternehmen verringern. Die Beständigkeit der Unternehmen, welche in den Neunzigerjahren gegründet wurden ist jedoch auffällig, wodurch vermutet werden kann, dass sich in den Neunzigerjahren die Unternehmen bestimmte Nischen aufgeteilt haben und es zum heutigen Zeitpunkt schwieriger ist sich am Standort zu differenzieren. Am Augsburger Stadtmarkt hingegen ist keine Interessensänderung zu verzeichnen. Die Unternehmen stellen sich in gewohnter Manier als überdurchschnittlich beständig dar. Den Aussagen der Beschicker zufolge kommt es zu keiner Branchenumschichtung in diesem Metier (Abbildung 37 Große Gastronomie in mittelfristiger Zukunft (v5.3.1f)).

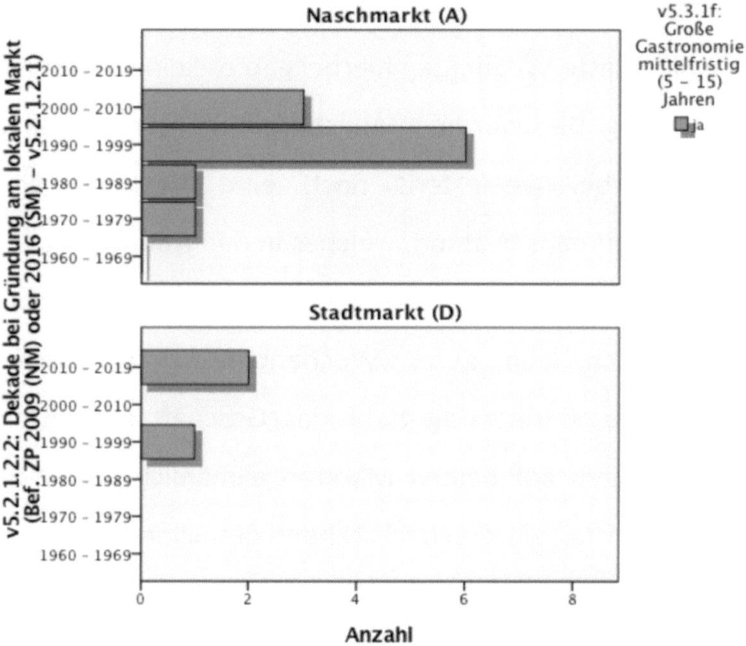

Abbildung 37 Große Gastronomie in mittelfristiger Zukunft (v5.3.1f)

Diverse ökonomische Ansatzpunkte

Ertragreichste Einkaufstage am Markt

Überblick Wochentage

Den vorliegenden Daten ist zu entnehmen, dass ähnlich wie am Standort des Wiener Naschmarkts auch am Augsburger Stadtmarkt noch vereinzelt an Montagen eingekauft wird. Der Dienstag ist am Naschmarkt der schlechteste Wochentag hierbei gab es keinerlei positive Nennung. Dies war beim Augsburger Stadtmarkt anders, da hierbei wenigstens noch eine Nennung eines Unternehmens bestand, welches in den Neunzigerjahren gegründet wurde. Mittwoch ist bei beiden Märkten einheitlich kein guter Wochentag für ertragreiche Verkäufe. Donnerstag zieht das Geschäft mit je zwei Nennungen auf beiden Märkten allmählich an. Freitag und Samstag werden nachstehend detaillierter erläutert.

Detail Freitag

In der Erhebung zeigte sich, dass der Freitag am Wiener Naschmarkt eine wichtige Rolle als Einkaufstag spielt, da hier die Nennung der Marktbeschicker hoch ausfallen. Diese Meinung vertreten vor allem alt eingesessene Unternehmen, aber auch von Jungunternehmern ist aufgrund des vermuteten hohen Kundenaufkommens ein positives Feedback eingelangt. Die Umfrage am Augsburger Stadtmarkt zeigt hier ein ähnliches Bild. Zusätzlich zeigen die Erhebungen, dass der Freitag unabhängig vom Gründungszeitpunkt der jeweiligen Unternehmen als guter Verkaufstag bewertet wird (Abbildung 38 Bester Einkaufstag Freitag (v5.2.2.10e)).

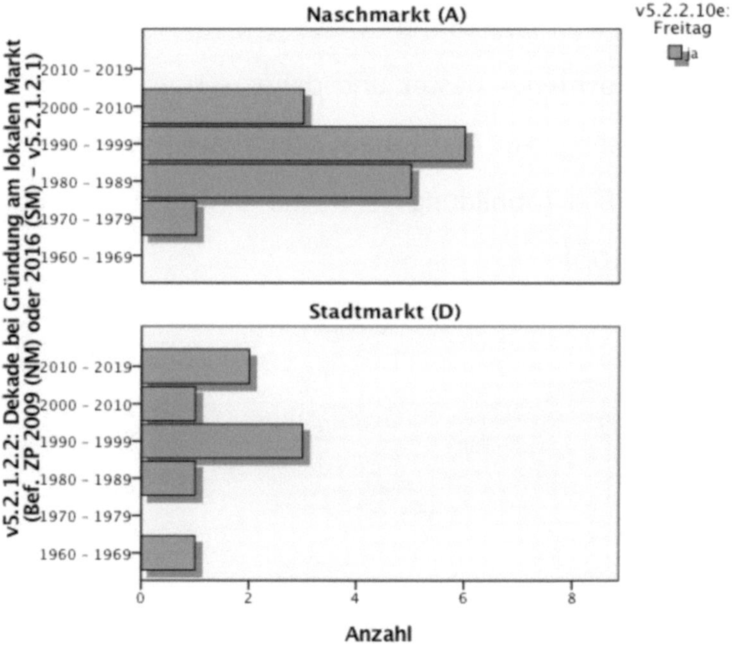

Abbildung 38 Bester Einkaufstag Freitag (v5.2.2.10e)

Detail Samstag

Am Wiener Naschmarkt wird der zuvor schon als überdurchschnittlich gut bewertete Freitag durch den Samstag weit übertroffen. Dieser gilt am Naschmarkt als unangefochtener bester und daher ertragreichster Tag der Woche. Am Augsburger Stadtmarkt zeigt sich das gleiche Bild (Abbildung 39 Bester Einkaufstag Samstag (v5.2.2.10f)).

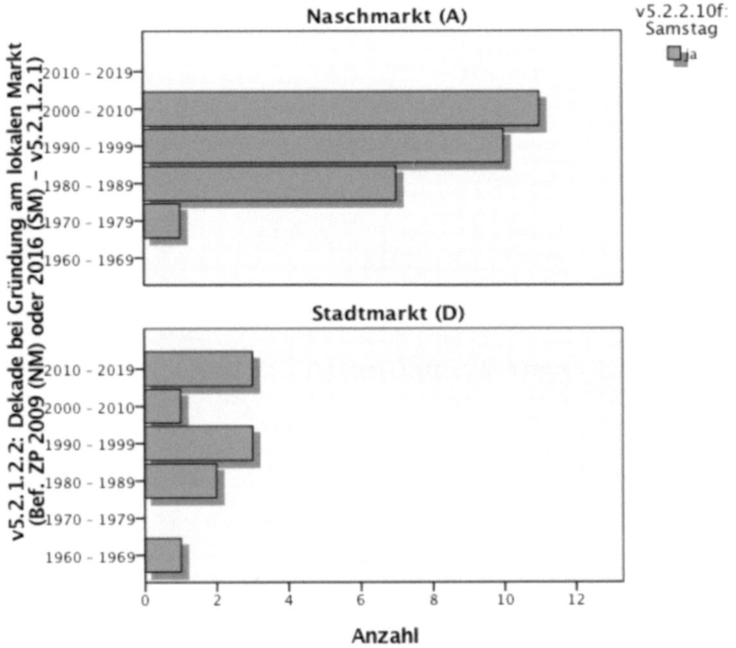

Abbildung 39 Bester Einkaufstag Samstag (v5.2.2.10f)

Ertragreichste Einkaufszeiten am Markt

Zeitraum 06:00 bis 07:59

In vergangenen Zeiten galten besonders frühe Tageszeiten als lukrativ und ertragreich. Grund hierfür war, dass Lebensmittel nicht lange frisch blieben und die beste Qualität in den frühen Morgenstunden erhältlich war.[7] Dies hat sich zwar in den vergangenen Jahren nicht geändert, doch kommt es besonders am Wiener Naschmarkt zu einer Veränderung der Haupteinkaufszeiten. Dies erfolgt zumeist durch das jüngere Klientel welches den Markt nicht zu frühen Stunden besucht. Ausnahmen bestätigen jedoch die Regel, und dies zeigt sich darin, dass der Markt immer mehr zum Essen eines Frühstücks aufgesucht wird. Man ersetzt folglich das Frühstück im Familienverband durch das Frühstück „to go“.[8] Diese Veränderung lässt sich beispielsweise im Bereich der Gastronomie am Wiener

---

[7] Wolfsteiner, C., S. 366. 2015
[8] Der Standard, 30.06.2007, o. A.

Naschmarkt besonders gut belegen (Abbildung 40 Beste Einkaufszeit 06:00 - 07:59 (v5.2.2.11a)) .

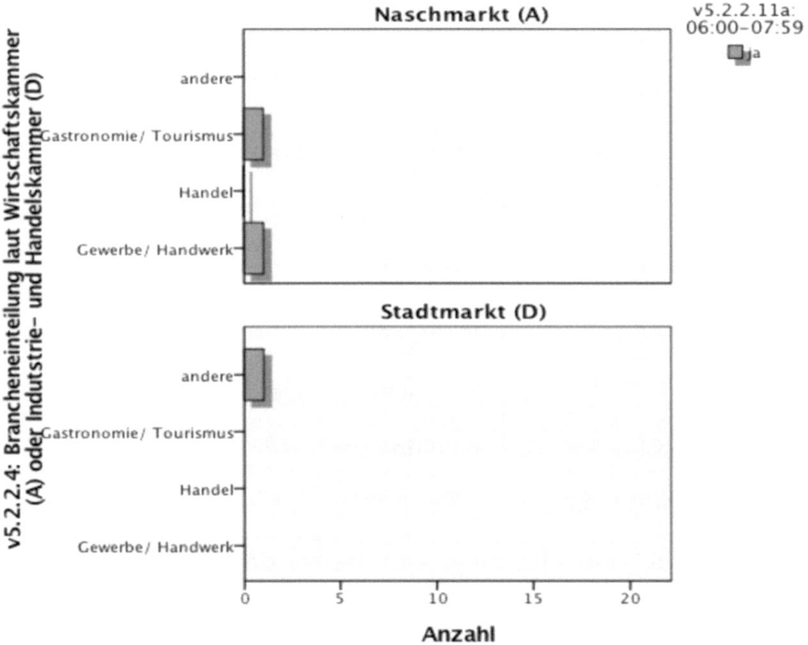

Abbildung 40 Beste Einkaufszeit 06:00 - 07:59 (v5.2.2.11a)

Zeitraum 08:00 bis 09:59

Am Augsburger Stadtmarkt zeigt sich eine dem Wiener Naschmarkt ähnliche Entwicklung. So nimmt die Anzahl der Beschicker im Bereich Handel, welche den Zeitraum von 08:00 – 10:00 als für das Geschäft positiv einstufen, zu. Zusätzlich ist hervorzuheben, dass das Gastronomiesegment den oben genannten Zeitraum nach dem vermuteten Frühstück, nicht als umsatzstark einordnet. Im Bereich Gewerbe hingegen haben im Vergleich zur Gastronomie doppelt so viele Personen diesen Zeitraum als positiv bewertet.[9] Am Augsburger Stadtmarkt ist es trotz der geringen Rücklaufquote der Befragung bemerkenswert, dass hier Parallelenim Bereich Handel zum Wiener Naschmarkt gesehen werden können, die sich vor allem im Bereich Handel zeigen. (Abbildung 41 Beste Einkaufszeit 08:00 - 09:59 (v5.2.2.11b)).

---

[9] Vgl. Wolfsteiner, C., S. 368, 2015

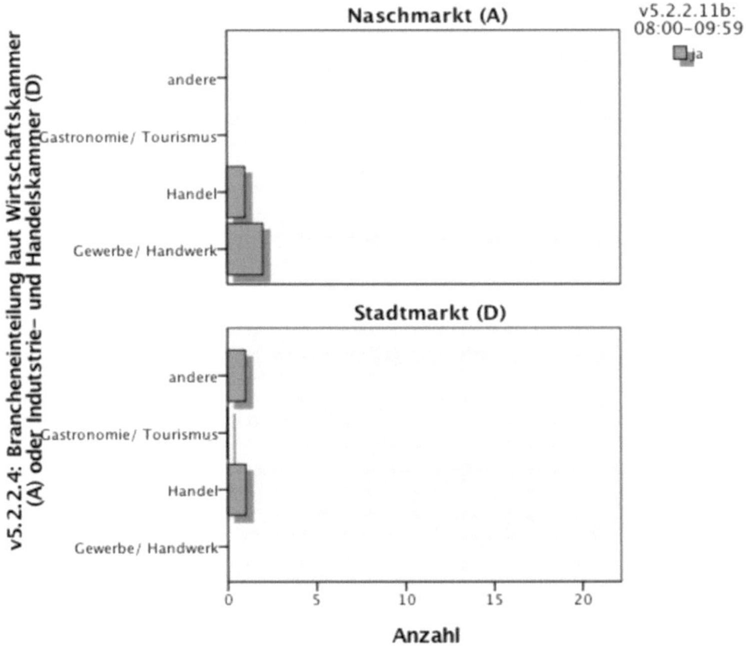

Abbildung 41 Beste Einkaufszeit 08:00 - 09:59 (v5.2.2.11b)

Zeitraum 10:00 bis 11:59

Die Befragung zeigte, dass der Zeitraum von 10:00 – 12:00, also jener vor den Mittagessen, am Wiener Naschmarkt im Allgemeinen als besonders gut bewertet wird. Es könnte daher fälschlicherweise angenommen werden, dass der Großteil der Umsätze im Bereich Gastronomie erzielt würden. Beachtet man jedoch im

Vergleich die Detailforschung ist das das entstandene Bild jedoch verzerrt. Diese Verzerrung kann durch den Vergleich der Zeiträume 10:00 – 12:00 und 12:00 – 13:00 (Abbildung 42 versus Abbildung 43) belegt werden. Dabei zeigt sich, dass es auf den Märkten erst im Zeitraum von 12:00 – 13:00 zu einem besonderen Ansturm auf das Marktgelände kommt. Dieser Ansturm scheint durch den größeren Gastronomieanteil des Wiener Naschmarkts, im Vergleich zum Augsburger Stadtmarkt, begünstigt zu werden.

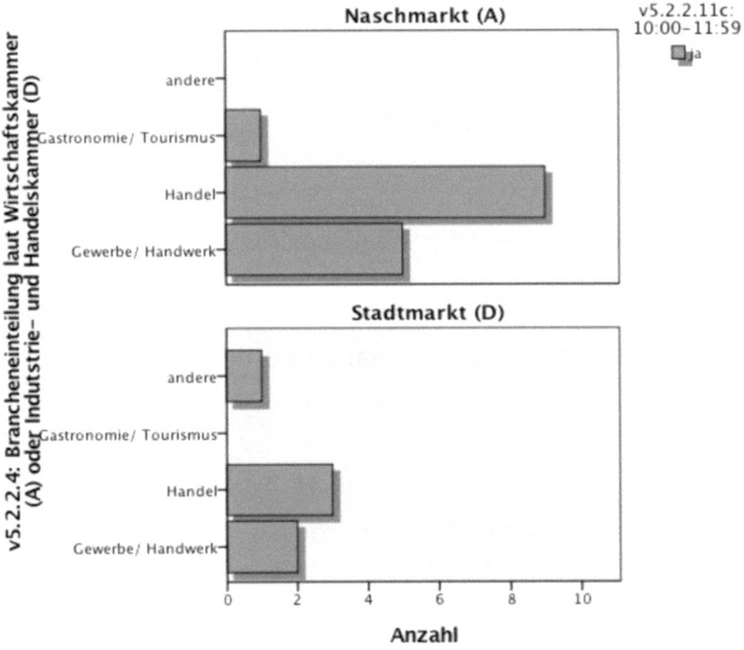

Abbildung 42 Beste Einkaufszeit 10:00 - 11:59 (v5.2.2.11c)

Zeitraum 12:00 bis 13:59

Die Befragung der Wiener Naschmarktbeschicker zeigt eindeutig, dass besonders die Zeit nach 12:00 als besonders umsatzstark bewertet wird. Dies legt den Schluss nahe, dass Kunden den Naschmarkt dezidiert dazu verwenden, um dort ihre Mittagszeit bzw. -pause zu verbringen. Da die Arbeit in Büros eher später und nicht früh morgens startet, wird im Großen und Ganzen, nicht vor 12 Uhr zu Mittag gegessen. [10] Für den Stadtmarkt Augsburgs gibt es diesbezüglich Parallelen. Der Zeitraum von 10:00 – 12:00 wird lediglich in den Bereichen Handwerk und Gewerbe, sowie im Handel, als gleich wichtig im Vergleich zu jenem ab 12:00- 14:00 Uhr beurteilt (Abbildung 43 Beste Einkaufszeit 12:00 - 13:59 (v5.2.2.11d)).

---

[10] Wolfsteiner, C., S. 371, 2015

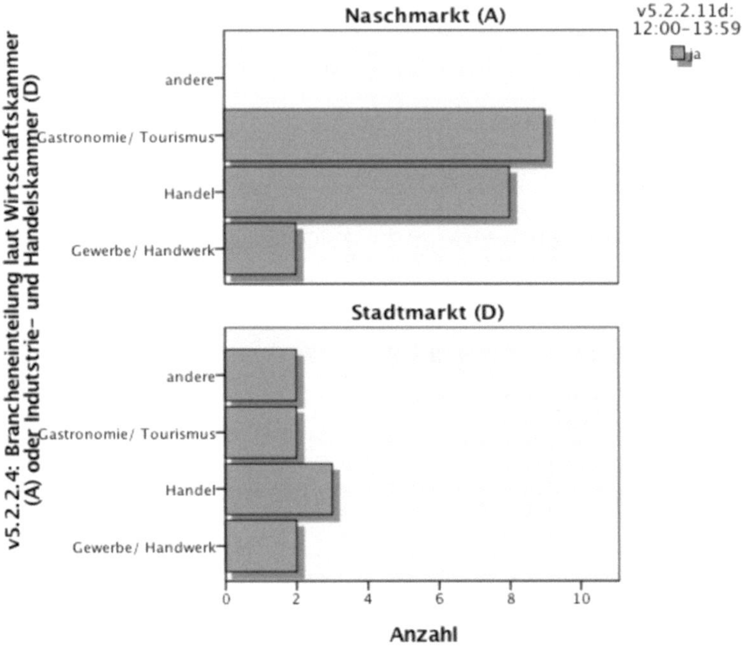

Abbildung 43 Beste Einkaufszeit 12:00 - 13:59 (v5.2.2.11d)

Zeitraum 14:00 bis 15:59

Es ist sehr gut durch die Diagramme von Abbildung 43, Abbildung 44, Abbildung 45 und Abbildung 46 ersichtlich, dass bereits in der Zeit nach 14 Uhr das Aufkommen am Wiener Naschmarkt stark reduziert wirkt.[11] Hier lässt die Befragung die Vermutung zu, dass diese Reduktion des

[11] Vgl. Wolfsteiner, C., S. 374, 2015

Kundenaufkommens durch die Gastronomie bewirkt wird. Am Augsburger Stadtmarkt ist dieser Einbruch ebenfalls zu verzeichnen, wenn auch in ausgeprägterem Masse (Abbildung 44 Beste Einkaufszeit 14:00 - 15:59 (v5.2.2.11e). Dies liegt aber auch daran, dass der Markt generell um 14:00 schließt. In Gegensatz zu vorangegangenen These könnte dieser Rückgang jedoch auch darauf zurückzuführen sein, das berufstätige Personen wieder ihrer Arbeit nachgehen müssen oder ihren Nachhauseweg antreten und so folglich die Anzahl möglicher Kunden am Markt generell verringert wird. In diesem Fall wäre das verminderte Kundenaufkommen vom alleinigen Bereich Gastronomie entkoppelt. Dies wäre eine weitere Möglichkeit den plötzlichen Einbruch am Augsburger Stadtmarkt und dessen Beständigkeit in den vorangegangenen Zeitintervallen zu erklären.

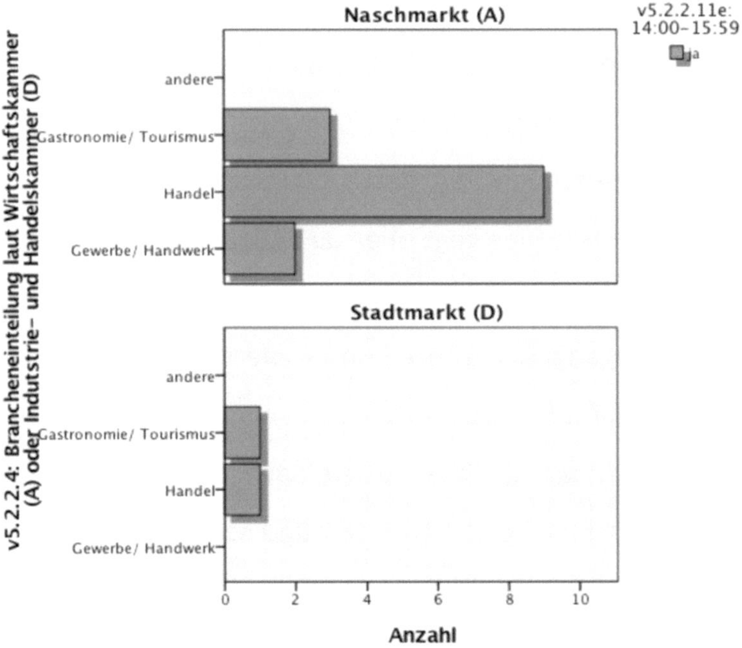

Abbildung 44 Beste Einkaufszeit 14:00 - 15:59 (v5.2.2.11e

Zeitraum 16:00 bis 17:59

Nach 16 Uhr kommt es zu einem erneut, eindeutig ersichtlichen Rückgang der positiven Bewertung am Naschmarkt. Es lässt jedoch noch immer den Schluss zu, dass Kunden noch am Standort präsent sind und eventuell noch diverse Einkäufe tätigen. Am Stadtmarkt kommt es im Vergleich zum Naschmarkt sogar zu einem

Einbruch der gesamten Gastronomie (Abbildung 45 Beste Einkaufszeit 16:00 - 17:59 (v5.2.2.11f)).

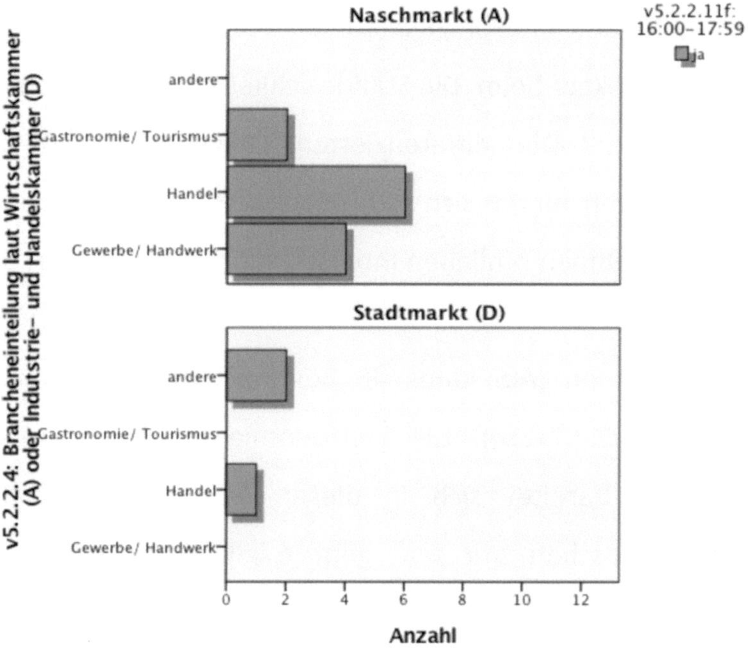

Abbildung 45 Beste Einkaufszeit 16:00 - 17:59 (v5.2.2.11f)

Zeitraum 18:00 bis 19:59

Ungefähr um 18 Uhr löst sich das Leben am Wiener Naschmarkt in Wohlgefallen auf: Die Kunden schleppen ihren Einkauf heim. Die Stände schließen. Waren werden versorgt. [12] Die differenzierten Gewerbe haben die Stoßzeiten hinter sich gebracht und die Mehrheit der Unternehmen schließen Ihre Geschäfte auf den Märkten. Dies ist besonders am Augsburger Stadtmarkt zu verzeichnen (Abbildung 46 Beste Einkaufszeit 18:00 - 19:59 (v5.2.2.11g)). Die Gastronomie des Naschmarktes jedoch bereitet sich in dieser Zeit schon auf das Abendgeschäft vor und geht folglich „in die zweite Halbzeit".

---

[12] Vgl. Lynn, M., 1999, S. 45

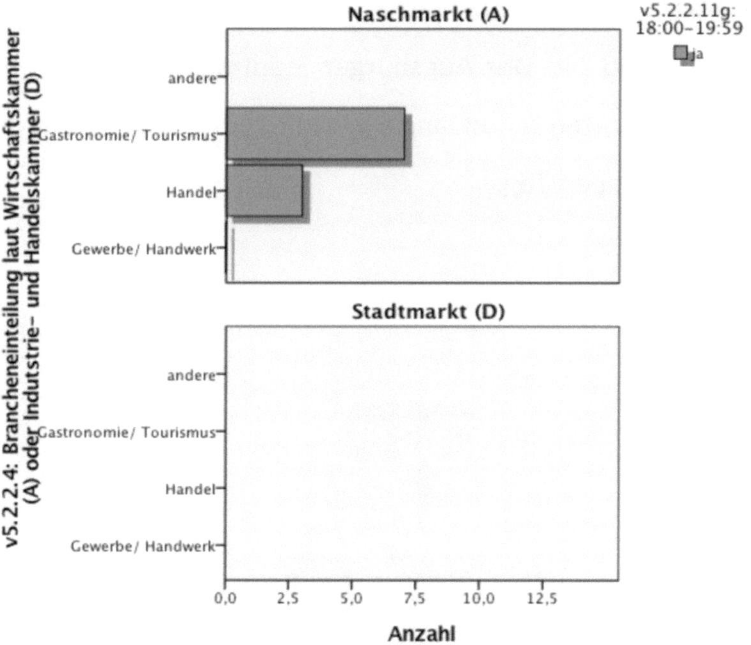

Abbildung 46 Beste Einkaufszeit 18:00 - 19:59 (v5.2.2.11g)

Zeitraum 20:00 bis 21:59

Die Naschmarktbesucher lassen den Tag in den Restaurants und „In-Lokalen“ ausklingen. Hierbei ist jedoch noch immer der beträchtliche Gastronomieanteil zu unterstreichen (Abbildung 47 Beste Einkaufszeit 20:00 – 21:59 (v5.2.2.11h)). Die Gastronomie ist ein mittlerweile fixer und großer Bestandteil des Wiener

Naschmarktes und macht ihn zu einem Treffpunkt für Jung und Alt. Der Augsburger Stadtmarkt hingegen hat seine Pforten schon längst geschlossen und erwartet den kommenden Tag.

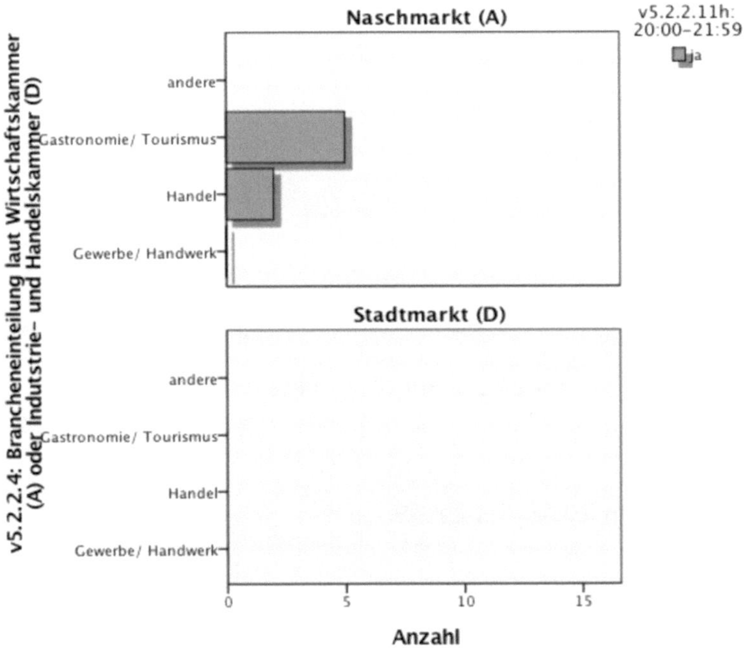

Abbildung 47 Beste Einkaufszeit 20:00 – 21:59 (v5.2.2.11h)

Zeitraum 22:00 bis 23:59

Ab 22 Uhr (Abbildung 48 Beste Einkaufszeit 22:00 - 23:59 (v5.2.2.11i) denken auch die Nachtschwärmer des Wiener Naschmarktes daran sich auf den Heimweg zu begeben und so bleibt als beständige Handelssparte, nach den Normöffnungszeiten, die Gastronomie und der Tourismus.

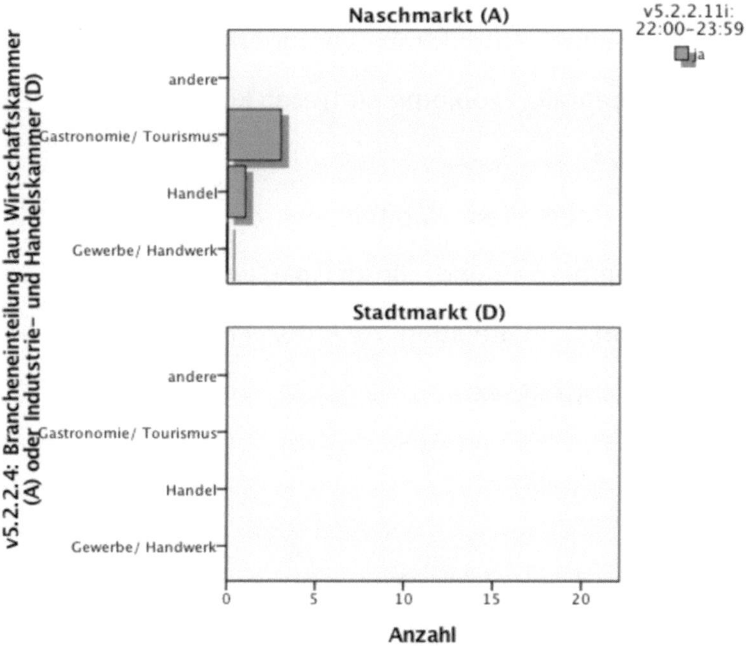

Abbildung 48 Beste Einkaufszeit 22:00 - 23:59 (v5.2.2.11i)

Unternehmensentwicklungsanalyse

Die ausgeteilten Fragebögen wurden nach Rücklauf mit ID Nummern versehen, um eine eindeutige – jedoch anonyme – Auswertung zu gewährleisten. Daher ist es möglich festzustellen welche Berufssparten von den Beschickern auch in Zukunft als erstrebenswert bezeichnet werden und in welchen Segmenten sich der Markt in seinem Gesamterscheinungsbild sowie im angebotenen Produktmix verändern könnte und wo gegebenenfalls Probleme auftreten können.

In den folgenden Kapiteln werden die wichtigsten Marktsegmente und Berufssparten des Augsburger Stadtmarkts in Relation zu Entwicklungen des Wiener Naschmarkts gesetzt.

Dazu wurden im Besonderen folgende Berufssparten / -segmente genauer analysiert:

- Handel mit Lebensmitteln
- Handel mit Obst und Gemüse
- Kleine Gastronomie
- Große Gastronomie

Entwicklung Handel mit Lebensmitteln

In diesem Kapitel werden die einzelnen Bereiche beleuchtet und etwaige Änderungen dokumentieren. Die ID Bezeichnungen der einzelnen Datensätze sind aus Gründen der Übersichtlichkeit nicht mehr angeführt, jedoch in der statistischen Auswertung, welche sich in den Schlusskapiteln dieser Arbeit befindet, nachzulesen. Alle angeführten Grafiken zeigen, dass es am Standort des Augsburger Stadtmarktes auch in Zukunft, mit sehr hoher Wahrscheinlichkeit, zu keinerlei Veränderung der Verteilung der am Markt vertretenen Berufssparten kommen wird.

Es scheint folglich zu einem geringerem wirtschaftlichen Druck auf die Unternehmen des Augsburger Stadtmarktes im Vergleich zu jenen des Wiener Naschmarkts zu kommen. Bei letzterem gaben immerhin 5 Unternehmen an, dass Sie in der mittelfristigen Zukunft nicht mehr mit Lebensmittel handeln wollen.[13]

---

[13] Wolfsteiner, C., 20154, S. 436

Der Augsburger Standort scheint jedoch in diesem Marktsegment auch zukünftig unverändert zu bleiben.

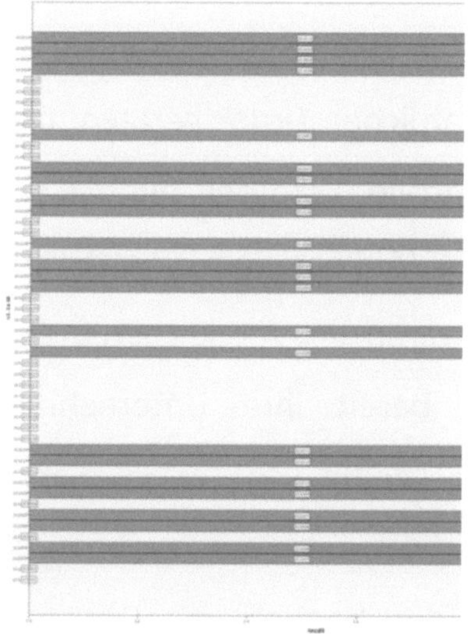

Abbildung 49 Handel mit Lebensmitteln im Befragungsjahr nach ID

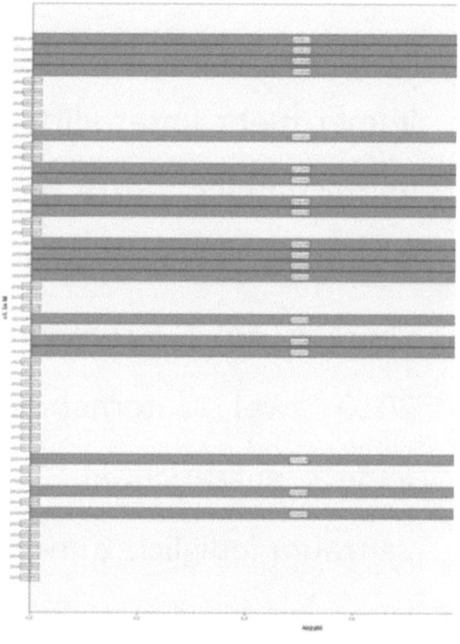

Abbildung 50 Handel mit Lebensmittel mittelfristige Zukunft nach ID

Entwicklung Handel mit Obst und Gemüse

Der Handel mit Obst und Gemüse bildet das historisch geprägte Bild der gewachsenen Grün- und Detailmärkte. Nichtsdestotrotz sind jene in den letzten Jahrzehnten immer mehr unter wirtschaftlichen Druck geraten. Dies wurde zumeist durch dezentrale Diskonter und das sich ändernde Einkaufsverhalten (Abkehr vom Vorratskauf) geprägt. Am Naschmarkt waren im Vergleichszeitraum 2010 zwei Unternehmer bereit ihre Unternehmen anders auszurichten.[14] Gleichzeitig kam es in diesem Zeitraum lediglich zum Wechsel von einer Person in die hart umkämpfte Branche des Handels mit Obst und Gemüse. Daher ist die Gesamtbilanz negativ.

Am Augsburger Stadtmarkt zeigt sich ein anderes Bild, da dieser keinerlei Tendenzen hinsichtlich einer Veränderung der Aufteilung der am Markt vertretenen Berufssparten zeigt.

---

[14] Wolfsteiner, C., 2016, S. 456 f

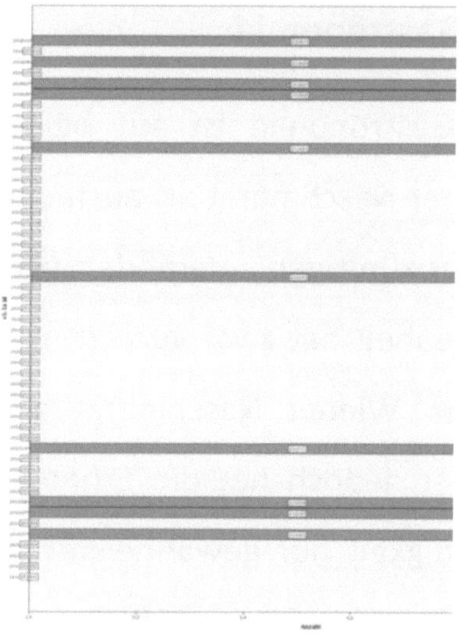

Abbildung 51 Handel mit Obst und Gemüse in zum Befragungszeitpunkt nach ID

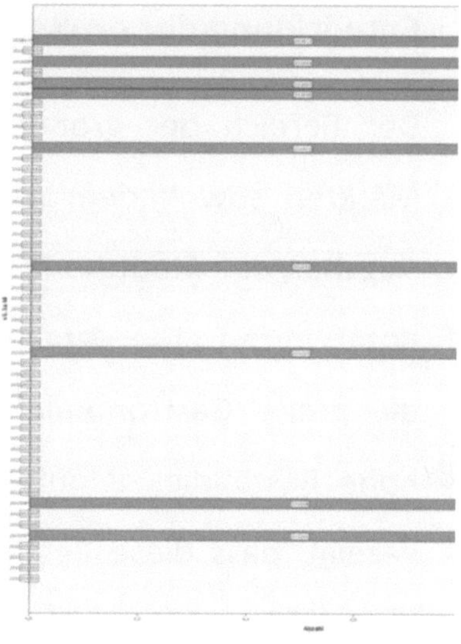

Abbildung 52 Handel mit Obst und Gemüse in Mittelfristiger Zukunft nach ID

Entwicklung der großen Gastronomie

Der Bereich der großen Gastronomie ist auf beiden Märkten, sowohl dem Wiener Naschmarkt als auch dem Augsburger Stadtmarkt zukünftigen Veränderungen unterworfen. Die Vergangenheit hat zwar gezeigt, dass die große Gastronomie am Wiener Naschmarkt eine hohe Beständigkeit aufweist, jedoch hat die Erhebung gezeigt, dass diese Beständigkeit nur gewährleistet ist, da an diesem Standort die Anzahl jener Beschicker, die die Berufssparte verlassen wollen und die Anzahl derjenigen, die dieser Sparte beitreten wollte, gleich groß ist. Daher kommt es zu keinerlei Veränderung der am Markt vertretenen Anteile der einzelnen Berufssparten.[15].

Der Augsburger Stadtmarkts weißt ebenfalls keine Veränderungstendenzen in dieser Frage auf. Darüber hinaus hat die Befragung gezeigt, dass auf diesem Markt

---

[15] Wolfsteiner, C., 2015, S. 437 ff

nicht einmal ein Inhaberwechsel stattfindet beziehungsweise in Zukunft stattfinden wird.

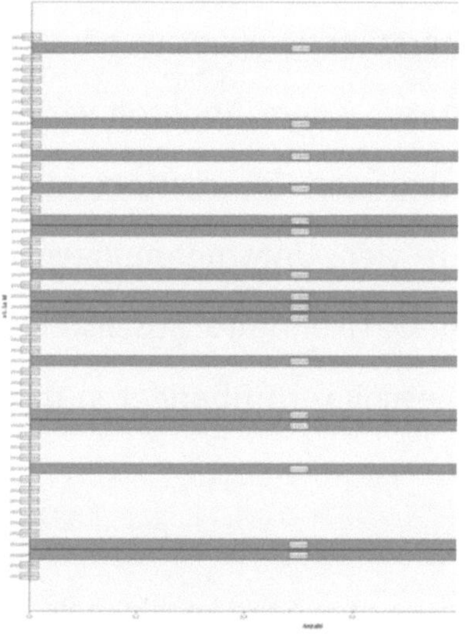

Abbildung 53 Große Gastronomie im Befragungsjahr nach ID

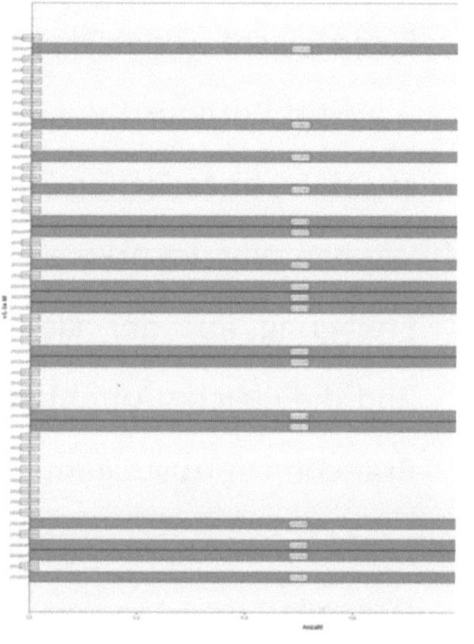

Abbildung 54 Große Gastronomie in mittelfristiger Zukunft nach ID

Entwicklung der kleinen Gastronomie

Die Entwicklung der kleinen Gastronomie ist am Wiener Naschmarkt seit jeher ein umstrittenes Metier. Zum Einen macht es den Naschmarkt zu dem was er heute ist – einem Potpourri der Kulturen – zum Anderen verliert er seinen historischen Charakter des Grünmarktes[16]. Am Wiener Naschmarkt ziehen vier Unternehmungen in Erwägung aus der kleinen Gastronomie auszusteigen und die gleiche Anzahl an Beschickern überlegt in diese Branchen einzusteigen.

Der relativ beständige Augsburger Stadtmarkt zeigt in diesem Punkt jedoch Unterschiede zum Wiener Naschmarkt. An diesem Standort hat ein Beschicker zum Zeitpunkt der Befragung daran gedacht seine bisherige Berufssparte aufzugeben und sein Unternehmen im Segment kleine Gastronomie neu auszurichten. Der Augsburger Stadtmarkt wird sich daher in diesem Marktsegment verändern und eventuell in Zukunft um

---

[16] Wolfsteiner, C., 2016, S. 461

eine neues Unternehmen in diesem Segment bereichert werden.

Abbildung 55 Kleine Gastronomie im Befragungsjahr nach ID

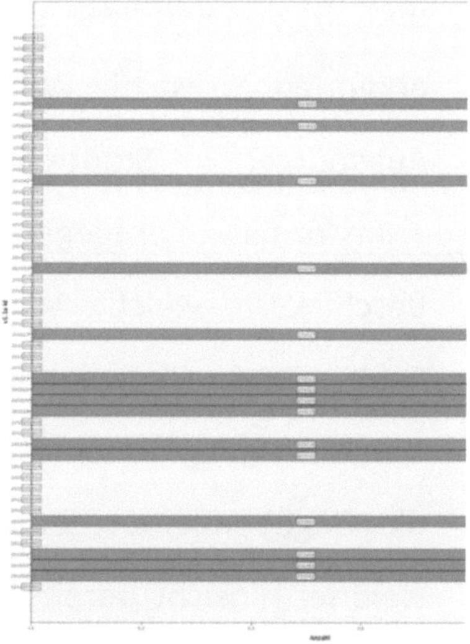

Abbildung 56 Kleine Gastronomie in mittelfristiger Zukunft nach ID

Conclusio

Schlussendlich kann man im Vergleich der beiden Grün- und Regionalmärkte verschiedene Gemeinsamkeiten erkennen. So ist die Wahrscheinlichkeit hoch, dass der Augsburger Stadtmarkt einer kommenden Transformation entgegensieht. Generell wird er von den Beschickern, welche Vorort tätig sind, als klassischer Grün- und Regionalmarkt gesehen, welcher zur Nahversorgung der Städter dient. Analysiert man jedoch die Gegebenheiten genauer, so erkennt man, dass in vielerlei Hinsicht bereits jene Transformation durchlebt wurde beziehungsweise wird, welche der Wiener Naschmarkt in der jüngsten Vergangenheit durchlebt hat.

Dies ergibt sich einerseits durch die Veränderung der Standöffnungszeiten, welche sich jenen des Wiener Naschmarktes annähern und folglich einen Markt als Event- und Erlebnisfläche begünstigen. Andererseits gibt es Tendenzen, die den Anteil der am Markt vertretenen Berufssparten zugunsten bestimmter verschieben werden, welche generell andere Öffnungszeiten benötigen.

„Markt“ ist folglich Tradition, er bietet den Besuchern das, was sie brauchen und suchen. Dies ist am Wiener Naschmarkt im Vergleichszeitraum von 1970 – 2010 sehr gut ersichtlich. Er entwickelte sich weg vom Grünmarkt, welcher damals die Bevölkerung Wiens versorgte, zu einem hedonistischen, luxuriösen und eventorientierten Markt, in welchem sich der Versorgungsgedanke nicht mehr primär widerspiegelt.

Nicht der Markt hat sich verändert, sondern das was seine Kunden von ihm verlangen!

Ausblick

Aufgrund der quantitativen Forschung ist eine Vielzahl an Vergleichsauswertungen möglich, da man die Daten beliebig in Zusammenhang stellen kann, wobei nicht alle Zusammenstellungen sinnvoll sind. Somit kann man zu einem Eroberer des Nutzlosen werden. Daraus folgt, dass die Nützlichkeit etwas ganz Anderes sein kann als die Sinnhaftigkeit. Was man daher infolge tut ist nicht sinnlos, sondern (für viele) zwecklos.

Dabei gibt es solche Chancen in jedem Lebensbereich, privat, aber auch im Wochenmarkthandel: Ob bei der Wahl des Urlaubsortes, der Bildung, Gesundheit, Rente, Sortimentszusammenstellung, Auswahl der Standplätze, Werbung, Serviceangebote und vielem mehr. Wir müssen nur wieder den Mut gewinnen, den Kopf nach oben zu nehmen und selbst zu entscheiden welcher Teilbereich jedem Individuum das Wichtigste ist.

Sicherlich ergeben sich jedoch mehr als über 1.000 wichtige und bemerkenswerte Folgeauswertungen.

Gerne können die Grunddaten vom Ersteller digital (siehe Photo Daten DVD unten) bezogen und für Folgeauswertungen verwenden werden. Die Daten DVD, kann käuflich für 2.500 Euro erworben werden und die Daten können nach Zustimmung des Erstellers für Folgearbeiten herangezogen werden.

Literaturverweis

Der Standard: Neuer Fixpunkt für Frühstücker, in: Der Standard 30.06.2007.

Kühschelm, O.: Selbstbedienung und Supermärkte. Das Versprechen von Zeitersparnis, Wahlfreiheit und unerschöpflicher Fülle, in Breuss, S. (Hrsg.): Die Sinalco-Epoche. Essen, Trinken, Konsumieren nach 1945, Museum Wien, 2005.

Lynn, M.: Der Wiener Naschmarkt: Die Anatomie des Geniessens, Wien, Verlag Holzhausen, ISBN:3-85493-008-9, 1999.

Roth, E. (Hrsg.): Sozialwissenschaftliche Methoden. Lehr- und Handbuch für Forschung und Praxis. München/Wien, 1984.

Wilk, L.: Die postalische Befragung. In: Holm, K. (Hrsg.): Die Befragung Bd. 1. Der Fragebogen - Die Stichprobe. München, 1975.

Wolfsteiner, C.: Unternehmensfortführung und Gründung durch Standortsicherung des Linzer Südbahnhofmarktes. Univ. Dipl.-Arbeit, 2007.

Wolfsteiner, C.: Zukünftige Entwicklungschancen von Klein- und Mittleren Unternehmungen. Trauner Verlag (ISBN-10: 3854994109, ISBN-13: 978-3854994107) 2008.

Wolfsteiner, C.: Wiener Naschmarkt: Wie er wirklich is(s)t: Wirtschaftsgeschichtliche und -anthropologische Analyse der ethnische Ökonomie Wiens, im Herzen Europas ... Betriebsanalyse 1950-2015 und darüber hinaus. BoD Verlag (ISBN-10: 3738622047, ISBN-13: 978-3738622041) 2015 .

Wolfsteiner, C.: Wechselwirkung zwischen Lokalem und Globalem am Beispiel des Wiener Naschmarktes 1950 – 2010 (Soziale und wirtschaftliche Aspekte im kulturellen und gesellschaftlichen Umfeld). Dissertation Universität Wien 2015.

Aktuelle Ansatzpunkte

Augsburger Allgemeine Abendausgabe 02. Dezember 2016 von Kresse Ina

Augsburger Allgemeine

02. Dezember 2016 19:30 Uhr

Augsburger Stadtmarkt

Warum Referent nicht an Änderung der Stadtmarkt-Öffnungszeiten glaubt. Seit Jahren wird über eine verlängerte Öffnungszeit des Stadtmarkes am Samstag diskutiert. Ordnungsreferent Wurm sagt im Interview, dass ein Vergleich mit dem Viktualienmarkt hinkt.
Von Ina Kresse

Derzeit werden wieder die Samstags-Öffnungszeiten des Augsburger Stadtmarktes diskutiert.
Herr Wurm, der Viktualienmarkt in München hat vor rund zehn Jahren seine Öffnungszeit am Samstag bis mindestens 17 Uhr ausgedehnt. Der Augsburger Stadtmarkt schließt um 14 Uhr. Kann man beide Märkte miteinander vergleichen?

Dirk Wurm: Nein. Es gibt Unterschiede zwischen dem Augsburger Stadtmarkt und dem Viktualienmarkt. Der

Stadtmarkt wird tatsächlich zum Einkaufen von Obst und Gemüse genutzt. Und das auch von einem Klientel, das in der Früh kommt. Der Viktualienmarkt hat vorwiegend Touristen als Zielgruppe. Die haben wir schon auch, aber eben weniger.

Gibt es auf dem Stadtmarkt auch Kernöffnungszeiten?

Wurm: Ja. Von Montag bis Freitag von 9 bis 17 Uhr, am Samstag von 8 bis 14 Uhr. Ab 7 Uhr morgens kann aber jeder schon öffnen, der will.

Was für Ideen gibt es, um eine Verlängerung der Öffnungszeit am Samstag bis 16 Uhr zu ermöglichen?

Wurm: Es gab die Idee, flexible Zeiten am Samstag auszuprobieren. Aber wenn über 50 Prozent der Händler von vornherein sagen, dass sie nicht mitmachen, dann hat das keinen Sinn. Der Stadtmarkt funktioniert von seiner Struktur her nur als Einheit. Wenn viele Händler schon zugemacht haben und es sind nur noch die Gastronomie-Betriebe geöffnet, dann hat der Stadtmarkt kein Flair mehr.

Ordnungsreferent Dirk Wurm glaubt nicht, dass sich an den Samstags-Öffnungszeiten des Augsburger Stadtmarktes etwas ändert.
Foto: Anne Wall

Was gibt es noch für einen Unterschied zum Viktualienmarkt?

Wurm: Auf dem Viktualienmarkt sind alle Stände einzeln absperrbar. Bei uns ist das schwieriger. Die Stände geben das räumlich nicht her. Die Waren werden teilweise nur abgedeckt. Wir haben die Tore, die dann geschlossen werden."

Wieso ließen sich die Beschicker in München *von einer Verlängerung der Samstags-Öffnungszeiten überzeugen und in Augsburg gibt es seit Jahren eine abwehrende Haltung?*

Wurm: Die Händler auf dem Viktualienmarkt haben sich selber zusammengerauft. Bei uns auf dem Stadtmarkt sind die Interessen zu gegensätzlich. Da macht jeder zu einer anderen Zeit seinen Umsatz. Öffnungszeiten per Dekret zu verordnen, bringt nichts, wenn ich weiß, dass die Mehrheit dagegen ist. Als Ordnungsreferent habe ich die Argumente der Händler zu gewichten.

Viele Beschicker argumentieren, dass am Samstagnachmittag kein Umsatz mehr gemacht wird. Wie kann man das wissen, ohne es über einen längeren Zeitraum getestet zu haben?

Wurm: Ob ein Händler von einer längeren Öffnungszeit am Samstag profitiert, kann er nur wissen, wenn er es probiert hat. Also kann man das nicht sagen. Aber die Erfahrungen sind, dass der Umsatz am Samstag ab 13 Uhr schon zurück geht.

Könnte man Anreize schaffen? Etwa, dass Händler, deren Umsätze Samstagnachmittag eher schwach sind, einen Mietpreis-Nachlass bekommen?

Wurm: Es gibt bereits eine Mietstaffelung. Die Stände im Freien haben eine andere Miete als die im Inneren. Eine Reduzierung hilft da nicht.

Wie geht es jetzt mit der Diskussion um die Öffnungszeiten am Samstag weiter?

Wurm: Für die nächsten ein bis zwei Jahre wird sich meiner Meinung nach nichts ändern. Wir haben in den vergangenen zwei Jahren viel in den Stadtmarkt investiert und werden dies auch weiterhin tun. Dass das Thema Samstags-Öffnungszeiten in den Stadtrat kommt, ist nicht zwingend. Ich gebe jedenfalls das Meinungsbild der Beschicker an die Fraktionen weiter. Dann kommt es darauf an, ob eine Fraktion tätig wird und einen Antrag stellt.

Augsburger Allgemeine 02. Dezember 2016

von Kresse Ina

Augsburger Allgemeine

02. Dezember 2016 06:16 Uhr

Stadtmarkt Augsburg

Längere Öffnungszeiten? München könnte Vorbild für Stadtmarkt sein. In Augsburg wird diskutiert, ob der Stadtmarkt auch nach 14 Uhr aufhaben soll. Viele Händler sagen Nein. Die Chefin des Münchner Viktualienmarktes versteht das nicht. Von Ina Kresse

Auf dem Münchner Viktualienmarkt haben die Stände samstags bis mindestens 17 Uhr geöffnet. Auf dem Augsburger Stadtmarkt am Samstag bislang nur bis 14 Uhr.

Frau Fett, in Augsburg geht es wieder um längere Öffnungszeiten des Stadtmarktes am Samstag. Kennen Sie den Augsburger Stadtmarkt überhaupt?

Elke Fett: Ja, natürlich. Der ist wunderschön. Augsburg ist sowieso eine tolle Stadt. Wäre ich der Vorstand des Stadtmarktes, würde ich jeden Tag mit den Händlern reden, dass sie samstags länger aufmachen sollen.

Warum ist eine längere Öffnungszeit am Samstag Ihrer Meinung nach wichtig?

Fett: Das Geschäft geht samstags doch schon längst später los. Wie auch unter der Woche. Wir Marktleute müssen uns nach den veränderten Gegebenheiten richten und können nicht argumentieren, das läuft seit hundert Jahren schon so, also ändern wir nichts. Wir sind ja nicht nur ein Versorgungsmarkt für die Bürger, sondern auch ein Touristenmagnet. Augsburg hat doch auch viele Touristen.

Viele Beschicker halten aber dagegen, dass sie Samstagnachmittag nicht mehr viel Umsatz machen...

Fett: Das stimmt einfach nicht. Man muss die erweiterten Öffnungszeiten nur mal längere Zeit durchziehen. Die Kunden und Touristen müssen wissen, dass die Stände länger geöffnet haben. Man muss es einfach mal ausprobieren. Das habe ich auch meinen Leuten auf dem Viktualienmarkt immer gesagt. Bei uns ist der Samstagabend inzwischen der beste. Allein an den Blumenständen ist es abends brechend voll. Klar, die Menschen wollen irgendwann nach Hause und sich erst zum Schluss die frischen Blumen mitnehmen.

Seit wann hat denn der Viktualienmarkt samstags länger geöffnet?

Fett: Wir haben das vor circa zehn Jahren geändert. Klar, anfangs wollten auch viele Händler nicht länger bleiben.

Aber die, die nach wie vor früher gingen, haben gesehen, dass beim Händler nebenan weiter Geschäft gemacht wurde. Daraus hat sich eine Eigendynamik entwickelt. Keiner der Händler geht jetzt am Samstag mehr vor 17 Uhr heim.

Elke Fett ist die Vorstandsvorsitzende der Interessengemeinschaft Viktualienmarkt und hat selbst einen Marktstand.

Das heißt, dass jeder der 112 Händler auf dem Viktualienmarkt entscheiden kann, wann er kommt und geht?

Fett: Ja. Ich zum Beispiel habe meinen Stand jeden Tag von 9 bis 18 Uhr geöffnet. Wenn es stürmt oder der Schnee mal meterhoch liegt, dann beschwert sich auch kein Kunde, wenn ein Händler mal früher zumacht.
Um 9 Uhr machen Sie morgens erst auf? Ist das nicht etwas spät?

Fett: Sehen Sie, die Kernzeiten haben sich in den Städten doch längst nach hinten verschoben. Warum muss ich denn einen Marktstand um 7 Uhr öffnen, wenn die Geschäfte in der Innenstadt erst um 10 Uhr aufmachen? Als wir merkten, dass in der Früh nichts mehr los ist, wurden die Kernzeiten des Viktualienmarktes entsprechend nach hinten versetzt.

Wie sehen diese nun aus?

Fett: Montag bis Freitag von 9 bis 18 Uhr, am Samstag von 9 bis 17 Uhr. Wir Märkte sind doch eine Parallelwelt zu den Geschäften in den Fußgängerzonen. Kunden in den Städten wollen die Atmosphäre bei uns genießen.

Ein Argument einiger Augsburger Beschicker ist, dass sie ein Familienbetrieb sind, und ihnen eine Verlängerung der Öffnungszeiten am Samstag personelle und auch finanzielle Probleme bringen könnte ...

Fett: Meine Güte. Die sollen sich doch freuen, dass sie so einen tollen Stand auf dem Stadtmarkt haben. Aber natürlich muss ich ehrlich sagen, dass der längere Samstag uns Marktleuten anfangs auch wehgetan hat. Man muss zunächst Nerven, Zeit und Geld hineinstecken. Aber das ist eine Investition in die Zukunft. Ich stehe mit meinen 72 Jahren immer noch gerne jeden Tag von

morgens bis abends hier. Es macht mir Spaß. Wir sind alle glücklich mit der Entscheidung.

Einige Augsburger Händler fragen sich, wer auf die Ware aufpasst, wenn sie früher schließen als andere. Wie wird das bei Ihnen gehandhabt, wo der Markt als Ganzes sowieso nicht abgesperrt werden kann?

Fett: Die Händler räumen bei uns ihre Waren zum Teil hinein und sperren den Stand ab. Zum Teil bleiben die Waren aber auch draußen und werden mit dicken Planen abgedeckt.

Und da kommt nichts weg?

Fett: Hin und wieder gibt es Vandalen. Aber das kommt vielleicht fünf Mal im Jahr vor.

Ihr Fazit für die Diskussion, die in Augsburg um den Stadtmarkt läuft?

Fett: Die Augsburger können sich gerne mit uns in Verbindung setzen. Wir haben uns auch zusammengerauft. Ich finde, dass man für die Zukunft eines Marktes auch etwas ändern muss.

Elke Fett ist seit acht Jahren die Vorstandsvorsitzende der Interessengemeinschaft Viktualienmarkt. Die 72-Jährige selbst hat seit 22 Jahren ihren Stand und verkauft sogenannte Duftschmankerl.

Augsburger Allgemeine 30. November 2016 von Kiss Verena

Augsburger Allgemeine

30. November 2016 12:14 Uhr

Augsburg Stadtmarkt: Darum wollen Händler samstags nicht länger bleiben. Die Mehrheit der Händler auf dem Stadtmarkt will samstags nicht länger öffnen. Warum nicht? Und wer würde gerne? Von Verena Kiss

Die Mehrheit der Händler auf dem Stadtmarkt will samstags nicht länger öffnen. Warum nicht? Und wer würde gerne?

Samstags lange ausschlafen, gemütlich mit der Familie frühstücken, den Hausputz erledigen und erst am Nachmittag zum Einkaufen auf den Stadtmarkt – derzeit ist das so für die Augsburger nicht möglich, denn um 14 Uhr ist auf dem Stadtmarkt Schluss. Immer wieder wird über eine Ausdehnung der Öffnungszeiten diskutiert. Wir haben uns einmal bei den Marktbeschickern umgehört, was sie davon halten.

Wie die Mehrzahl der Händler auf dem Stadtmarkt lehnt Joachim Hofmann eine Ausdehnung der Öffnungszeiten ab. „Wenn das Geschäft gut laufen würde, dann hätten wir ja nichts dagegen", sagt Hofmann, der seit Jahrzehnten einen Obststand betreibt. „In der

Vergangenheit gab es bereits Versuche, die Öffnungszeiten auszudehnen. Rentiert hat sich das für uns Händler nicht." Er führt ein Problem an, das viele Beschicker betreffen dürfte: „Wir sind ein Familienbetrieb. Längere Öffnungszeiten lassen sich für uns nur schwer stemmen."

Imbiss: Es lohnt sich nicht. Auch Gerdi Metzner, die einen Imbiss in der Fleischhalle führt, ist gegen eine Ausweitung der Öffnungszeiten: „Bei mir kommt nach 14 Uhr kaum noch jemand. Wegen ein oder zwei Currywürsten lohnt es sich nicht, den Imbiss länger zu öffnen", sagt sie. Carola Menzinger von der Metzgerei Hörmann gleich gegenüber sieht das gleiche Problem: „Ab halb zwei oder zwei ist die Halle so gut wie leer". An den Adventssamstagen sei zwar bis 16 Uhr geöffnet, doch viel mehr Kunden würden dennoch nicht kommen.

Gerdi Metzner wäre für eine Beibehaltung der bisherigen Öffnungszeiten oder für eine Ausweitung auf freiwilliger Basis. Doch das könnte zum Problem werden, wie Susanne Pfiffer, die am Stand der Gärtnerei Uhl Gemüse verkauft, erklärt: „Wenn einige Betriebe länger geöffnet haben als andere, dann muss das Tor zum Markt offen bleiben. Aber wer passt dann auf die Ware der Stände auf, die bereits geschlossen haben?" Sie ist daher klar gegen eine Ausdehnung der Öffnungszeiten.

Kunden kaufen später ein. Doch es gibt auch Händler, die längere Öffnungszeiten begrüßen würden. „Ich bin eine der wenigen Beschicker, die dafür sind", sagt Irena

Fritzsche, die an ihrem Stand Marmelade, Senf und Pesto verkauft. „Das Kundenverhalten hat sich verändert, vor allem junge Leute gehen später einkaufen", erklärt sie, „ich finde es wichtig, dass der Markt mit der Stadt mitzieht." Sie fände es gut, wenn der Stadtmarkt samstags bis 16 Uhr geöffnet hätte oder wenn es eine Ausdehnung der Öffnungszeiten auf freiwilliger Basis geben würde.

Sollte es so kommen, dann würde voraussichtlich auch die Destille länger öffnen. „Unsere Kundschaft kommt später auf den Markt", sagt Julia Wiedemann. „Viele bummeln über den Stadtmarkt, kaufen ein und trinken anschließend zum Ausklang noch gemütlich etwas bei uns. Daher fänden wir es super, wenn der Markt länger geöffnet hätte."

Augsburger Allgemeine 29. November 2016 von Hörmann Michael

Augsburger Allgemeine

29. November 2016 11:47 Uhr

Augsburg
Wie lange soll der Augsburger Stadtmarkt samstags öffnen?. Das Thema Stadtmarkt-Öffnungszeiten wird in Augsburg zum Politikum. Die Händler wehren sich gegen eine Verlängerung bis 16 Uhr.

Ein gewohntes Bild an Samstagen: Der Stadtmarkt schließt um 14 Uhr die Pforten. (Foto: Silvio Wyszengrad (Archiv)).

Nur an Adventssamstagen gehen auf dem Stadtmarkt di Uhren anders: Geschäfte haben ausnahmsweise bis 16 Uhr geöffnet, ansonsten wäre bereits zwei Stunden früher Schluss. Über eine Ausweitung der Zeiten wird seit Langem gerungen.

Kunden wünschen sich, dass sie länger als bis 14 Uhr einkaufen können. Der örtliche Einzelhandel sagt, dass eine längere Öffnungszeit dem Standort guttun würde, zumal der Stadtmarkt ein Aushängeschild ist. Kunden und Einzelhändler haben die Rechnung aber ohne die Marktbeschicker gemacht. Sie wehren sich mehrheitlich gegen längere Öffnungszeiten, speziell an Samstagen. Jetzt kommt das Thema wieder mal auf den Tisch. Öffnungszeiten werden zum Politikum. Muss der Stadtrat über eine Ausweitung entscheiden, womöglich auch auf freiwilliger Basis?

Ausgelöst hat die neuerliche Diskussion eine Anfrage von Stadtrat Volker Schafitel (Freie Wähler). „Von Seiten der Marktbeschicker gibt es Befürchtungen, dass aktuell wieder verlängerte Öffnungszeiten diskutiert und wohl absehbar im Stadtrat entschieden werden sollen. Hierzu liegt mir ein Schreiben von 41 Beschickern vor, welche sich gegen die Änderung der Öffnungszeiten aussprechen", heißt es in einer Anfrage von Schafitel, die an die Stadtregierung gerichtet ist.

Längere Öffnungszeiten? Die Marktbeschicker sind dagegen

Ordnungsreferent Dirk Wurm (SPD) bestätigt, dass die Öffnungszeiten bei den Stadtmarkthändlern intensiv durchleuchtet werden. 100 Händler vertreiben ihr Angebot auf dem Markt, wobei der Gastrobereich in den zurückliegenden Jahren zugelegt hat. Der Protest gegen eine Samstagöffnung bis 16 Uhr sei immens, sagt Wurm und verweist auf das Ergebnis einer Versammlung der Marktkaufleute: „Es haben sich fast drei Viertel für eine Beibehaltung der Öffnungszeiten am Samstag bis 14 ausgesprochen."
Diskutiert wurde an diesem Abend auch darüber, ob eine Verlängerung auf freiwilliger Basis eingeführt

werden könne. Wer als Händler bis 16 Uhr öffnen wolle, könne dies tun. Wer um 14 Uhr schließt, soll dies tun. Das ist der Ausgangspunkt der Überlegung. Dazu sagt Wurm: „Eine versuchsweise Verlängerung der Öffnungszeiten von April bis Oktober würde wohl nur Sinn machen, wenn mindestens 60 Prozent der Händler mitmachen würden." Dies sei offen und konstruktiv auf der Versammlung diskutiert worden. Die Mehrheit sprach sich für eine Beibehaltung der bestehenden Regularien aus.

Die Familienbetriebe am Stadtmarkt sollen geschützt werden

Die Argumente, warum Händler sich gegen längere Öffnungszeiten aussprechen, sind altbekannt: Viele Stände werden von Familien betrieben. Eine Verlängerung am Samstag wäre für diese mit personellen und finanziellen Problemen verbunden. Es müsste wohl Aushilfspersonal eingesetzt werden. Mit dem Verkauf von Wurst, Feinkost, Käse, Obst und Gemüse sei aber am Samstagnachmittag nicht viel Umsatz zu machen, heißt es von vielen Seiten. Wurm zeigt dafür Verständnis: „Der Schutz dieser Familienbetriebe, die zur Vielfältigkeit und Originalität des Marktes in großem Maße beitragen, ist eine wichtige städtische Aufgabe, damit der Stadtmarkt seine Alleinstellungsmerkmale auch zukünftig vorweisen kann." Wirtschaftsreferentin Eva Weber (CSU) hatte schon einmal den Vorstoß gemacht, an der Uhr des Stadtmarkts an Samstagen zu drehen. Sie war damit gescheitert. Jetzt gibt sie sich moderat: „Es sprechen einige Faktoren dafür, den Markt länger zu öffnen. Allerdings müssen wir unsere zahlreichen inhaber- oder sogar familiengeführten Beschicker, die den Stadtmarkt zu dem machen, was er ist, stets im Auge behalten." Insoweit komme es auf eine Abwägung der beiden Belange an.

Kunden nutzen ihre Zeit am Wochenende mittlerweile anders

Dass sich das Kundenverhalten geändert habe, sei aber mit Sicherheit wahrnehmbar: „Unsere seit 2012 jährlich stattfinden Passanten-Frequenzzählungen belegen, dass wir in der Innenstadt nach 14 Uhr hinaus noch eine hohe Kundenfrequenz haben. An manchen Standorten wurden die Tageshöchstwerte sogar erst am Spätnachmittag gemessen." Heutzutage nutzen viele das Wochenende zum Ausschlafen und um in Ruhe zu frühstücken.
Ob der Stadtrat das Thema Öffnungszeiten aktiv aufgreift, ist offen. Referent Wurm sagt: „Das Meinungsbild der Versammlung werde ich den Stadtratsfraktion zur Kenntnisnahme zukommen lassen. Ob es einen Vorstoß aus dem Stadtrat zur Veränderungen der Öffnungszeiten geben wird, bleibt somit abzuwarten."

Deskriptive Statistik

Deskriptive statistische Standardauswertung							
Befragungs-Items	N	Minimum	Maximum	Summe	Mw	Staw	Varianz
v0.1a Befragungsjahr	55	2010	2016	110622	2011,31	2,501	6,255
v1.1a Id	55	201001	201611	11063212	201149,31	243,471	59278,032
v1.1b Klammer	43	1	2	56	1,30	,465	,216
v2.1a: Für Kunden ist es einfach, die Preisstruktur am Markt zu beurteilen.	49	1	5	162	3,31	1,228	1,509
v2.1b: Kunden finden genug Parkplätze, um am Markt einzukaufen.	52	1	5	82	1,58	1,036	1,072

v2.1c: Kunden fällt es leicht, die Qualität der Produkte/ Dienstleistungen am Markt zu beurteilen.	52	1	5	182	3,50	1,196	1,431
v2.1d: Die Anzahl der Wettbewerber am Markt verändert sich ständig.	53	1	5	165	3,11	1,340	1,795
v2.1e: Unsere direkten Mitbewerber bieten immer neue Produkte an.	51	1	5	147	2,88	1,366	1,866
v2.1f: Kunden wissen sehr gut über die Öffnungszeiten am Markt bescheid.	53	1	5	169	3,19	1,272	1,618

v2.1g: Kunden legen Wert auf "Bio" als Qualitätssignal.	52	1	5	161	3,10	1,272	1,618
v2.1h: Der Markt ist einfach mit öffentlichen Verkehrsmitteln zu erreichen.	53	2	5	233	4,40	,927	,859
v2.1i: Der Markt ist vom Erscheinungsbild sauber und gepflegt.	53	1	5	172	3,25	1,191	1,419
v2.2.1: Welche ist Ihre höchste abgeschlossene Pflichtschulausbildung?	39	2	6	115	2,95	1,075	1,155
v2.2.1a: Welche ist Ihre höchste abgeschlossene Ausbildung?	42	7	22	443	10,55	3,366	11,327

v2.2.2: Haben Sie durch obige Ausbildung alle berufsnotwendigen Kenntnisse für Ihre derzeitige Tätigkeit erlernt?	52	0	1	25	,48	,505	,255
v2.2.3: Haben Sie von Ihrem Vorgänger am Marktstandort gewisse Fertigkeiten erlernt?	52	0	1	48	,92	,269	,072
v2.2.3a: wenn 2.2.3 ja: durch Zusehen	28	1	5	96	3,43	1,501	2,254
v2.2.3b: wenn 2.2.3 ja: durch Nachahmen	24	0	99	176	7,33	19,584	383,536
v2.2.3c: wenn 2.2.3 ja: aus persönlichen Mitschriften	21	0	5	49	2,33	1,317	1,733

v2.2.3d: wenn 2.2.3 ja: durch jahrelange Mitarbeit	29	0	5	111	3,83	1,560	2,433
v2.2.3e: wenn 2.2.3 ja: Vorgänger arbeitete noch mit	25	0	5	51	2,04	1,567	2,457
v2.2.3f: Habe nichts vom Vorgänger gelernt.	33	0	5	83	2,52	1,679	2,820
v2.2.3g: Bin damit aufgewachsen	12	-99	5	-368	-30,67	50,48 6	2548, 788
v2.3.1a: Eigenfinanzierung (in %)?	47	0,00	100,00	1876,00	39,91 49	40,88 894	1671, 906
v2.3.1b: Fremdfinanzierung (in %)?	44	0,00	100,00	2054,00	46,68 18	41,72 656	1741, 106
v2.3.21: Kredite ja/nein?	34	0	1	33	,97	,171	,029

v2.3.2b: falls v.2.3.2a ja: wo beziehen Sie diese?	33	1	6	107	3,24	1,146	1,314
v2.3.2c: falls v.2.3.2a ja: durch wen beziehen Sie diese?	31	1	3	39	1,26	,682	,465
v2.3.2d: falls v.2.3.2a ja und Privat: durch wen?	3	1	1	3	1,00	0,000	0,000
v3.1a: Finanzielle Unterstützung (Familie)	49	0	1	16	,33	,474	,224
v3.1b: Finanzielle Unterstützung (Freunde)	49	0	1	5	,10	,306	,094
v3.1c: Finanzielle Unterstützung (Lebenspartner)	49	0	1	3	,06	,242	,059
v3.1d: Finanzielle Unterstützung (Kollegen)	49	0	1	1	,02	,143	,020

v3.1e: Finanzielle Unterstützung (Externe, Fremde)	49	0	1	7	,14	,354	,125
v3.2a: Moralische Unterstützung (Familie)	50	0	1	31	,62	,490	,240
v3.2b: Moralische Unterstützung (Freunde)	50	0	1	7	,14	,351	,123
v3.2c: Moralische Unterstützung (Lebenspartner)	50	0	1	19	,38	,490	,240
v3.2e: Moralische Unterstützung (Kollegen)	50	0	1	8	,16	,370	,137
v3.2f: Moralische Unterstützung (Externe, Fremde)	50	0	1	1	,02	,141	,020

v3.3a: Allgemeine Beratung (Familie)	50	0	1	15	,30	,463	,214
v3.3b: Allgemeine Beratung (Freunde)	50	0	1	9	,18	,388	,151
v3.3c: Allgemeine Beratung (Lebenspartner)	50	0	1	10	,20	,404	,163
v3.3d: Allgemeine Beratung (Kollegen)	50	0	1	11	,22	,418	,175
v3.3e: Allgemeine Beratung (Externe, Fremde)	50	0	1	9	,18	,388	,151
v3.4a: Administrative Beratung (Familie)	50	0	1	7	,14	,351	,123

v3.4b: Administrative Beratung (Freunde)	49	0	1	2	,04	,200	,040
v3.4c: Administrative Beratung (Lebenspartner)	50	0	1	3	,06	,240	,058
v3.4d: Administrative Beratung (Kollegen)	50	0	1	6	,12	,328	,108
v3.4e: Administrative Beratung (Externe, Fremde)	50	0	1	26	,52	,505	,255
v3.5a: Aktive Mitarbeit (Familie)	50	0	1	23	,46	,503	,253
v3.5b: Aktive Mitarbeit (Freunde)	50	0	1	3	,06	,240	,058
v3.5c: Aktive Mitarbeit (Lebenspartner)	50	0	1	10	,20	,404	,163

v3.5d: Aktive Mitarbeit (Kollegen)	50	0	1	13	,26	,443	,196
v3.5e: Aktive Mitarbeit (Externe, Fremde)	50	0	1	7	,14	,351	,123
v4.1.1a: Ich kenne die Produkte/ Leistungen meiner Konkurrenten.	50	1	5	210	4,20	,833	,694
v4.1.1b: Ich erziele mit meinen Waren immer den gleichen Gewinn.	51	1	5	133	2,61	1,133	1,283
v4.1.1c: Der Markt ist so wie er schon immer war, nichts hat sich verändert.	51	1	5	101	1,98	1,122	1,260

v4.1.1d: Die Kundenwünsche haben sich nicht verändert.	50	1	5	120	2,40	1,385	1,918
v4.1.1e: Ich berechne eher jedes Monat den Verkaufspreis meiner Ware neu.	49	1	5	125	2,55	1,430	2,044
v4.1.1f: Ich weiß, welche Investitionen ich in den nächsten Monaten tätigen muss.	50	1	5	182	3,64	1,425	2,031
v4.1.1g: Ich informiere mich über die von mir verkauften Produkte.	51	1	5	225	4,41	,876	,767

v4.1.1h: Sollte ich einmal nicht weiter wissen, erkundige ich mich beim Fachmann (Steuerberater, Marktmanagementberatung etc.).	50	1	5	219	4,38	1,086	1,179
v4.1.1i: Ich produziere meine Waren selbst.	51	1	5	140	2,75	1,534	2,354
v4.1.1j: Ich kaufe durch Großhändler zu.	49	1	5	197	4,02	1,145	1,312
v4.1.1k: Ich gehöre einem Einkaufsverband an.	45	1	5	65	1,44	1,119	1,253
v4.1.1l: Ich kaufe auch Waren von direkten Standnachbarn zu.	49	1	5	117	2,39	1,693	2,867

v4.1.1m: Mitbewerber kaufen beim gleichen Großmarkt ein und haben daher vergleichbare Waren.	49	1	5	164	3,35	1,234	1,523
v4.1.1n: Ich kaufe nicht am Großmarkt, sondern direkt beim Bauern.	50	1	5	125	2,50	1,432	2,051
v4.1.2a: Netzwerke und Kooperationen unter den "Standlern" sind ein Faktor für Erfolg.	49	1	5	152	3,10	1,418	2,010
v4.1.2b: Die Qualität des Produktes/ der Dienstleistung ist wichtig für den Erfolg.	51	1	5	236	4,63	,720	,518

v4.1.2c: Ich informiere mich über das lokale Stadtmarketing.	50	1	5	135	2,70	1,282	1,643
v4.1.2d: Ich kaufe ohne Zwischenhändler, direkt beim Produzenten.	49	1	5	149	3,04	1,207	1,457
v4.1.2e: Ich nehme aktiv an der lokalen Werbegemeinschaft teil.	50	1	5	103	2,06	1,219	1,486
v4.1.2f: Ich habe eine Förderung für mein Unternehmen erhalten.	51	1	5	93	1,82	1,337	1,788

v4.1.2g: Ich habe mich bezüglich der 2010 geplanten Umbauarbeiten am Markt bei der Städteplanung erkundigt.	40	1	5	110	2,75	1,446	2,090
lv4.1.2h: ch bin Mitglied des Tourismusverbandes.	50	1	5	87	1,74	1,306	1,707
v4.1.2i: Vertriebs-Know-How ist sehr wichtig für den Erfolg.	48	1	5	180	3,75	1,376	1,894
v4.1.2j: Betriebswirtschaftliche Kenntnisse sind wichtig für den Erfolg.	50	1	5	212	4,24	,960	,921

v4.1.2k: Kundenforschung und Produktinnovation sind wichtig für den Erfolg.	50	1	5	193	3,86	1,161	1,347
v4.1.2l: Die Buchhaltung erledige ich selbst.	49	1	5	138	2,82	1,550	2,403
v4.1.2m: Ich beziehe Waren meines privaten täglichen Bedarfs ebenfalls vom Markt.	48	1	5	161	3,35	1,604	2,574
v4.1.2n: Ich beziehe Waren für den Wiederverkauf vom Markt.	49	1	5	97	1,98	1,266	1,604

v4.2.1a: Allgemeine Informationsquellen (Internet, Literatur, Zeitung, Zeitschriften)	49	1	5	204	4,16	1,106	1,223
v4.2.1b: Spezielle Informationsquellen (Fachzeitschrift)	46	1	5	146	3,17	1,525	2,325
v4.2.1c: Elektronische Datenbanken (Branchenanalyse, Marktforschungen)	46	1	5	99	2,15	1,135	1,287
v4.2.1d: Netzwerktreffen (Veranstaltungen der lokalen Vereinigungen)	47	1	5	125	2,66	1,307	1,708

v4.2.1e: Informelle Treffen mit Branchenkollegen (Stammtisch)	47	1	5	117	2,49	1,333	1,777
v4.2.1f: Gezielte Beratungsgespräche (Marktmanagement, Steuerberater, Rechtsanwalt)	48	1	5	175	3,65	1,466	2,148
v4.2.2a: Produktpalettengestaltung	40	1	5	109	2,73	1,377	1,897
v4.2.2b: Produktion von Waren	40	1	5	129	3,23	1,441	2,076
v4.2.2c: Lizenzen, Franchise	40	1	5	83	2,08	1,328	1,763
v4.2.2d: Personal/ Mitarbeiterführung	42	1	5	118	2,81	1,435	2,060

v4.2.2e: Finanzierung	40	1	5	115	2,88	1,488	2,215
v4.2.2f: Förderungen	42	1	5	147	3,50	1,518	2,305
v4.2.2g: Rechnungswesen, Controlling	41	1	5	120	2,93	1,349	1,820
v4.2.2h: Vertrieb	40	1	5	111	2,78	1,493	2,230
v4.2.2i: Internet, E-Commerce	41	1	5	102	2,49	1,381	1,906
v4.2.2j: Kommunikation, Netzwerk	42	1	5	112	2,67	1,459	2,130
v4.3.1a: Einfluss von Branchenkollegen	44	1	5	143	3,25	1,296	1,680
v4.3.1b: Einfluss von Familienangehörigen	45	1	5	175	3,89	1,005	1,010
v4.3.1c: Einfluss von Lebenspartnern	44	1	5	145	3,30	1,374	1,887

v4.3.1d: Einfluss von strategischen Partnern (Konkurrenten = gleiche Branchen)	43	1	5	148	3,44	1,259	1,586
v4.3.1e: Einfluss von strategischen Partneren (Mitbewerbern = andere Branchen)	44	1	5	129	2,93	1,319	1,739
v4.3.1f: Einfluss des Marktamtes (A) oder Amt des Verbraucherschutz- und Marktwesens (D)	44	1	5	155	3,52	1,422	2,023
v4.3.1g: Einfluss der Wirtschaftskammer (A) oder Amt des Verbraucherschutz- und Marktwesens (D)	22	1	5	68	3,09	1,601	2,563

v4.3.1h:Einfluss des Geschäftsganges (Ertrag)	25	2	5	109	4,36	,860	,740
v4.3.1i: Einfluss von Unternehmern des Marktverbandes	41	1	5	106	2,59	1,140	1,299
v4.3.1j: Einfluss von politischen Organisationen	42	1	5	88	2,10	1,165	1,357
v4..4.1: Hatten Sie im Laufe des Befragungsjahres vermehrt wirtschaftliche Probleme?	48	0	1	19	,40	,494	,244
v4.4.2a: Haben Sie im Laufe des Befragungsjahres aufgrund der wirtschaftlichen Problematik Angestellte kündigen müssen?	47	0	1	7	,15	,360	,130

v4.4.2b: Wenn v4.4.2a ja: wieviele Personen (Anzahl)?	9	0	2	9	1,00	,707	,500
v4.4.3: Haben Sie im Laufe des Befragungsjahres Arbeitszeitverkürzungen wie z.B. Kurzarbeit einführen müssen?	46	0	1	8	,17	,383	,147
v4.4.4: Wie man in den Zeitungen lesen kann, haben verschiedenste Großunternehmen wirtschaftliche Probleme. Finden Sie es gerecht, dass nicht nur kleine Betriebe in wirtschaftliche Bedrängnisse kommen?	45	0	2	59	1,31	,763	,583

4.4.5a: Probleme: Führung, Organisation, Personal	42	1	5	112	2,67	1,476	2,179
4.4.5b: Probleme: Rechnungswesen	37	1	4	75	2,03	1,093	1,194
4.4.5c: Probleme: Erfolgskontrolle	37	1	5	78	2,11	1,286	1,655
4.4.5d: Probleme: Produkte/& Dienstleistung	36	1	4	79	2,19	1,142	1,304
4.4.5e: Probleme: Produktion	38	1	5	86	2,26	1,267	1,605
4.4.5f: Probleme: Absatz	38	1	5	110	2,89	1,391	1,935
4.4.5g: Probleme: Liquidität, Kapitalbeschaffung	36	1	5	85	2,36	1,457	2,123

4.4.5h: Probleme: Werbung, Marketing, Kundenakquisition	34	1	5	83	2,44	1,260	1,587
4.4.5i: Probleme: Rechtliche/ steuerliche Themen	35	1	5	73	2,09	1,222	1,492
4.4.5j: Probleme: PC/ EDV/ IT	34	1	4	55	1,62	,922	,849
4.4.5k: Probleme: Familiäre Doppelbelastung	39	1	5	108	2,77	1,646	2,709
4.4.5l: Probleme: Private Probleme (Motivation, Selbstzweifel)	37	1	5	87	2,35	1,438	2,068

4.4.5m: Probleme: Patente, Lizenzen	34	1	5	48	1,41	,892	,795
4.4.6a: Eigene Weiterbildung (Selbststudium, Kurse)	36	1	5	112	3,11	1,450	2,102
4.4.6b: Beratung im persönlichen Umfeld	37	1	5	123	3,32	1,292	1,670
4.4.6c: Mitarbeiter mit der Lösung beauftragt	34	1	5	95	2,79	1,321	1,744
4.4.6d: Professionelle externe Beratung (Marktmanagement, Steuerberater, Bank, Rechtsanwalt)	35	1	5	112	3,20	1,410	1,988
4.4.6e: Durch geschäftliche Kooperationen	35	1	5	92	2,63	1,416	2,005

4.4.6f: Kommunikation/ Netzwerk	34	1	5	85	2,50	1,376	1,894
4.4.6g: Sonstige	22	1	5	56	2,55	1,595	2,545
4.4.6h: Konnten nicht gelöst werden	31	1	5	78	2,52	1,338	1,791
4.5.1.1a: Laufkunden (Gründung): Personen 6-14 Jahre	26	1	4	45	1,73	,962	,925
4.5.1.1b: Laufkunden (Gründung): Personen 15-29 Jahre	37	1	5	137	3,70	,968	,937
4.5.1.1c: Laufkunden (Gründung): Personen 30-44 Jahre	39	1	5	161	4,13	,923	,852

4.5.1.1d: Laufkunden (Gründung): Personen 45-59 Jahre	41	2	5	170	4,15	,937	,878
4.5.1.1e: Laufkunden (Gründung): Personen 60-74 Jahre	34	1	5	126	3,71	1,219	1,487
4.5.1.1f: Laufkunden (Gründung): Personen über 75 Jahre	25	1	5	65	2,60	1,384	1,917
4.5.1.1g: Laufkunden (Gründung): Die Gruppe besteht vorwiegend aus Touristen.	35	1	5	88	2,51	1,269	1,610
4.5.1.1h: Laufkunden (Gründung): Die Gruppe besteht vorwiegend aus Ansässigen.	39	1	5	151	3,87	1,105	1,220

4.5.1.1i: Nicht bekannt.	19	1	5	48	2,53	1,172	1,374
v4.5.1.2a: Stammkunden (Gründung): Personen 6-14 Jahre	26	1	4	52	2,00	1,095	1,200
v4.5.1.2b: Stammkunden (Gründung): Personen 15-29 Jahre	37	1	5	138	3,73	,932	,869
v4.5.1.2c: Stammkunden (Gründung): Personen 30-44 Jahre	41	1	5	171	4,17	,972	,945
v4.5.1.2d: Stammkunden (Gründung): Personen 45-59 Jahre	40	1	5	169	4,23	,891	,794
v4.5.1.2e: Stammkunden (Gründung): Personen 60-74 Jahre	36	1	5	139	3,86	1,099	1,209

v4.5.1.2f: Stammkunden (Gründung): Personen über 75 Jahre	29	1	5	86	2,97	1,322	1,749
v4.5.1.2g: Stammkunden (Gründung): Die Gruppe besteht vorwiegend aus Touristen.	31	1	5	80	2,58	1,232	1,518
v4.5.1.2h: Stammkunden (Gründung): Die Gruppe besteht vorwiegend aus Ansässigen.	37	1	5	148	4,00	1,106	1,222
v4.5.1.2i: Nicht bekannt.	17	1	5	43	2,53	1,231	1,515
v4.5.2.1a: Laufkunden (heute): Personen 6-14 Jahre	30	1	4	55	1,83	1,053	1,109

v4.5.2.1b: Laufkunden (heute): Personen 15-29 Jahre	37	1	5	137	3,70	1,077	1,159
v4.5.2.1c: Laufkunden (heute): Personen 30-44 Jahre	42	1	5	180	4,29	,835	,697
v4.5.2.1d: Laufkunden (heute): Personen 45-59 Jahre	43	2	5	180	4,19	,852	,726
v4.5.2.1e: Laufkunden (heute): Personen 60-74 Jahre	40	1	5	150	3,75	1,104	1,218
v4.5.2.1f: Laufkunden (heute): Personen über 75 Jahre	29	1	5	83	2,86	1,274	1,623
v4.5.2.1g:Laufkunden (heute): Die Gruppe besteht vorwiegend aus Touristen.	35	1	5	88	2,51	1,222	1,492

v4.5.2.1h: Laufkunden (heute): Die Gruppe besteht vorwiegend aus Ansässigen.	41	1	5	158	3,85	1,174	1,378
v4.5.2.1i: Nicht bekannt.	18	1	5	50	2,78	1,215	1,477
v4.5.2.2a: Stammkunden (heute): Personen 6-14 Jahre	28	1	4	55	1,96	,922	,851
v4.5.2.2b: Stammkunden (heute): Personen 15-29 Jahre	40	1	5	159	3,98	1,025	1,051
v4.5.2.2c: Stammkunden (heute): Personen 30-44 Jahre	40	1	5	177	4,43	,844	,712
v4.5.2.2d: Stammkunden (heute): Personen 45-59 Jahre	41	3	5	185	4,51	,597	,356

v4.5.2.2e: Stammkunden (heute): Personen 60-74 Jahre	39	1	5	155	3,97	1,135	1,289
v4.5.2.2f: Stammkunden (heute): Personen über 75 Jahre	30	1	5	92	3,07	1,461	2,133
v4.5.2.2g: Stammkunden (heute): Die Gruppe besteht vorwiegend aus Touristen.	34	1	5	83	2,44	1,307	1,709
v4.5.2.2h: Stammkunden (heute): Die Gruppe besteht vorwiegend aus Ansässigen.	39	1	5	156	4,00	1,076	1,158
v4.5.2.2i: Nicht bekannt.	16	-999	5	-957	-59,81	250,454	62727,096
v4.5.2.3a: Bankomatkartenzahlung	41	1	5	83	2,02	1,651	2,724

v4.5.2.3b: Kreditkartenzahlung	41	1	5	73	1,78	1,441	2,076
v4.5.2.3c: Essensgutscheine	43	1	5	87	2,02	1,551	2,404
v4.5.2.3d: eigene Firmengutscheine	43	1	5	108	2,51	1,681	2,827
v4.5.2.3e: Gratis-Tragtaschen	44	1	5	170	3,86	1,637	2,679
v4.5.2.3f: Kostproben	44	1	5	168	3,82	1,559	2,431
v4.5.2.3g: Persönliche Zuschriften (Direktmail)	40	1	5	77	1,93	1,492	2,225
v4.5.2.3h: Parkgeldrefundierung	40	1	5	57	1,43	,931	,866
v4.5.2.3i: Zustellservice	40	1	5	73	1,83	1,238	1,533
v4.5.2.3j: Veranstaltungen	40	1	5	74	1,85	1,331	1,772

v4.5.2.4a: Kenne von meinen Kunden den Nachnamen.	47	1	5	163	3,47	1,248	1,559
v4.5.2.4b: Spreche meine Kunden mit Vornamen an.	47	1	5	108	2,30	1,413	1,996
v4.5.2.4c: Kenne von meinen Kunden die Adresse.	46	1	5	93	2,02	1,202	1,444
v4.5.2.4d: Kenne von meinen Kunden die Telefonnummer.	47	1	5	94	2,00	1,103	1,217
v4.5.2.4e: Kenne von meinen Kunden die Faxnummer.	45	1	4	68	1,51	,815	,665
v4.5.2.4f: Kenne von meinen Kunden die Emailadresse.	44	1	4	71	1,61	,920	,847

v4.5.2.4g: Kenne den Großteil der Berufe meiner Kunden.	44	1	5	126	2,86	1,340	1,795
v4.5.2.4h: Kenne die persönlichen Probleme meiner Kunden.	45	1	5	107	2,38	1,353	1,831
v4.5.2.4i: Spreche mit meinen Kunden viel und höre ihnen auch zu.	46	1	5	172	3,74	1,144	1,308
v4.5.2.4j: Kommunikation ist Teil meines Services.	45	1	5	189	4,20	1,057	1,118
v4.5.2.4k: Das persönliche Gespräch ist am Markt besonders ausgeprägt.	48	1	5	193	4,02	1,158	1,340

v4.5.2.4l: Die meisten kaufen, zahlen und gehen gleich wieder. Die Zeit ist so schnelllebig.	47	1	5	132	2,81	1,362	1,854
v4.5.2.4m: Ich spreche fremde Leute einfach an.	46	1	5	136	2,96	1,398	1,954
v4.5.2.5a: Weil ich alles habe.	37	1	5	103	2,78	1,272	1,619
v4.5.2.5b: Weil ich das habe, was sonst keiner hat.	42	1	5	163	3,88	1,064	1,132
v4.5.2.5c: Weil sie schon immer gekommen sind.	40	1	5	134	3,35	1,350	1,823
v4.5.2.5d: Weil ich der billigste bin.	40	1	4	88	2,20	1,137	1,292

v4.5.2.5e: Weil sie meine Güter/ Leistungen mit denen von Supermärkten vergleichen können.	40	1	5	126	3,15	1,545	2,387
v4.5.2.5f: Weil ihnen Beratung wichtig ist.	43	2	5	190	4,42	,823	,678
v4.5.2.5g: Weil ihnen Qualität wichtig ist.	46	4	5	221	4,80	,401	,161
v4.5.2.5h: Weil sie große Mengen benötigen.	37	1	5	85	2,30	1,077	1,159
v4.5.2.5i: Weil es nichts gibt, was ich nicht habe.	39	1	5	89	2,28	1,234	1,524
v5.1.1: Geburtsjahr	44	1932	1985	86239	1959,98	9,887	97,744
Geburtsdekade	44	3,00	8,00	246,00	5,5909	1,01885	1,038

v5.1.1a: Alter zum Befragungsseitpunkt	55	-99	84	1140	20,73	61,051	3727,276
v5.1.1b: Alter zum Vergleichszeitpunkt 2017	55	-99	85	1344	24,44	62,914	3958,176
v5.1.2: Geschlecht	48	1	2	56	1,17	,377	,142
v5.1.7: Positionsebene vor Selbständigkeit am Markt	44	1	9	168	3,82	2,394	5,734
v5.1.8: Wieviele Jahre hatten Sie Berufserfahrung, bevor Sie sich am Markt selbständig gemacht haben? (in Jahren)	35	0	35	539	15,40	8,922	79,600
v5.2.1.1a: Anzahl Vollzeit-Mitarbeiter bei Gründung	36	0	7	79	2,19	1,704	2,904

v5.2.1.1b: Anzahl Teilzeit-Mitarbeiter bei Gründung	32	0	7	52	1,63	1,561	2,435
v5.2.1.1c: Anzahl geringfügige Mitarbeiter bei Gründung	27	0	5	35	1,30	1,353	1,832
v5.2.1.1d: Anzahl flexibler Aushilfen bei Gründung	23	0	5	18	,78	1,204	1,451
v5.2.1.2.1: Wie viele Jahre sind Sie auf dem Markt selbständig tätig?	44	0	51	652	14,81	10,707	114,630
v5.2.1.2.2: Dekade bei Gründung am lokalen Markt (Bef. ZP 2009 (NM) oder 2016 (SM) - v5.2.1.2.1)	43	6,00	11,00	390,00	9,0698	1,05549	1,114

v5.2.1.3: Waren Sie vor Ihrer Tätigkeit am Markt bereits selbständig?	44	0	1	22	,50	,506	,256
v5.2.1.4: In wievielter Generation betreibt Ihre Familie ein Unternehmen am Markt? (1. Generation = keiner vor mir)	43	0	4	64	1,49	,798	,637
v5.2.2.1: Wie viele Quadratmeter hat Ihr gesamter Verkaufsraum am Nachmarkt zirka?	46	5	200	2356	51,22	39,79 6	1583, 685

v5.2.2.2: Wie viele Quadratmeter benützen Sie zusätzlich in den Frühlings- und Sommermonaten im Freien durch Warenausräumung oder Schanigärten?	43	0	200	1290	30,00	38,888	1512,238
v5.2.2.3: Leistungsschwerpunkt des Unternehmens	47	1	5	142	3,02	1,553	2,413
v5.2.2.4: Brancheneinteilung laut Wirtschaftskammer (A) oder Indutstrie- und Handelskammer (D)	47	1	7	126	2,68	1,576	2,483
v5.2.2.5: Rechtsform des Unternehmens	48	1	3	81	1,69	,803	,645

v5.2.2.5b: WENN Kapitalgesellschaft	12	1	1	12	1,00	0,000	0,000
v5.2.2.5c: WENN Personengesellschaft	7	0	4	11	1,57	1,397	1,952
v5.2.2.6: Üben Sie mit Ihrem Unternehmen auch Nebenrechte aus?	43	0	3	46	1,07	1,404	1,971
v5.2.2.7: Wie viele Unternehmen von Ihnen befinden sich ingesamt am Markt?	45	0	8	64	1,42	1,270	1,613
v5.2.2.7.1a: Verwandte: Eltern, Kinder	43	0	1	2	,05	,213	,045
v5.2.2.7.1b: Verwandte: Geschwister	43	0	1	5	,12	,324	,105

v5.2.2.7.1c: Verwandte: Großeltern	43	0	0	0	0,00	0,000	0,000
v5.2.2.7.1d: Verwandte: Enkelkinder	43	0	0	0	0,00	0,000	0,000
v5.2.2.7.1e: Verwandte: Urgroßeltern	43	0	0	0	0,00	0,000	0,000
v5.2.2.7.1f: Verwandte: Onkel, Tante	43	0	1	3	,07	,258	,066
v5.2.2.7.1g: Verwandte: Nichte, Neffe	43	0	1	3	,07	,258	,066
v5.2.2.7.1h: Verwandte: Urenkel	43	0	0	0	0,00	0,000	0,000
v5.2.2.7.1i: Verwandte: Cousin/e, Großtante,-onkel, Großnichte, -neffe	43	0	1	5	,12	,324	,105

v5.2.2.7.1j: zugeheiratet (z.B. Schwager, Schwägerin)	43	0	1	1	,02	,152	,023
v5.2.2.7.1k: keine	44	0	1	30	,68	,471	,222
v5.2.2.8: Auf wie vielen verschiedenen lokalen Märkten sind Siezum Befragungszeitpunkt präsent?	44	0	4	52	1,18	,756	,571
v5.2.2.9a: Anzahl Vollzeit-Mitarbeiter zu Befragungstag	41	0	31	143	3,49	5,427	29,456
v5.2.2.9b: Anzahl Teilzeit-Mitarbeiter zu Befragungstag	35	0	6	61	1,74	1,502	2,255
v5.2.2.9c: Anzahl geringfügige Mitarbeiter zu Befragungstag	32	0	4	38	1,19	1,281	1,641

v5.2.2.9d: Anzahl flexibler Aushilfen zu Befragungstag	24	0	2	13	,54	,833	,694
v5.2.2.10a: Montag	48	0	1	3	,06	,245	,060
v5.2.2.10b: Dienstag	48	0	1	1	,02	,144	,021
v5.2.2.10c: Mittwoch	48	0	0	0	0,00	0,000	0,000
v5.2.2.10d: Donnerstag	48	0	1	5	,10	,309	,095
v5.2.2.10e: Freitag	48	0	1	26	,54	,504	,254
v5.2.2.10f: Samstag	48	0	1	46	,96	,202	,041
v5.2.2.11a: 06:00-07:59	48	0	1	3	,06	,245	,060
v5.2.2.11b: 08:00-09:59	48	0	1	7	,15	,357	,127
v5.2.2.11c: 10:00-11:59	48	0	1	23	,48	,505	,255
v5.2.2.11d: 12:00-13:59	48	0	1	29	,60	,494	,244
v5.2.2.11e: 14:00-15:59	48	0	1	18	,38	,489	,239

v5.2.2.11f: 16:00-17:59	48	0	1	16	,33	,476	,227
v5.2.2.11g: 18:00-19:59	48	0	1	10	,21	,410	,168
v5.2.2.11h: 20:00-21:59	48	0	1	7	,15	,357	,127
v5.2.2.11i: 22:00-23:59	48	0	1	4	,08	,279	,078
v5.2.2.12: Wie hoch war der Jahresumsatz Ihres Unternehmens am Markt im Berfagungsjahr in Euro?	39	1	15	226	5,79	4,324	18,694
v5.2.2.13a: Handel mit Obst und Gemüse im Berfagungsjahr	51	0	1	10	,20	,401	,161
v5.2.2.13b: Handel mit Blumen im Berfagungsjahr	51	0	1	2	,04	,196	,038

v5.2.2.13c: Handel mit Lebensmitteln im Berfagungsjahr	51	0	1	23	,45	,503	,253
v5.2.2.13d: Handel mit Essiggemüse im Berfagungsjahr	51	0	0	0	0,00	0,000	0,000
v5.2.2.13e: Kleine Gastronomie im Berfagungsjahr	51	0	1	13	,25	,440	,194
v5.2.2.13f: Große Gastronomie im Berfagungsjahr	51	0	1	16	,31	,469	,220
v5.2.2.13g: Handel mit Hartware (z.B. Geräte) im Berfagungsjahr	51	0	1	1	,02	,140	,020
v5.2.2.13h: Handel mit Backwaren im Berfagungsjahr	51	0	1	5	,10	,300	,090

v5.2.2.13i: Handel mit Fleisch im Berfagungsjahr	51	0	1	3	,06	,238	,056
v5.2.2.13j: Handel mit Fisch im Berfagungsjahr	51	0	1	3	,06	,238	,056
v5.2.2.13k: Dienstleistungen im Berfagungsjahr	51	0	1	1	,02	,140	,020
v5.2.2.13l: Vertriebskette (Standmiete bezahlt Mutterkonzern) im Berfagungsjahr	51	0	1	1	,02	,140	,020
v5.2.2.13m: Franchisebetrieb (Standmiete bezahlt Geschäftsinhaber) im Berfagungsjahr	51	0	1	2	,04	,196	,038

v5.2.2.13n: Andere im Berfagungsjahr	51	0	0	0	0,00	0,000	0,000
v5.2.2.13n2: WENN v5.2.2.13n JA: Andere im Berfagungsjahr	0						
v5.3.1a: Handel mit Obst und Gemüse mittelfristig (5 - 15) Jahren	51	0	1	9	,18	,385	,148
v5.3.1b: Handel mit Blumen mittelfristig (5 - 15) Jahren	51	0	1	3	,06	,238	,056
v5.3.1c: Handel mit Lebensmitteln mittelfristig (5 - 15) Jahren	51	0	1	19	,37	,488	,238
v5.3.1d: Handel mit Essiggemüse mittelfristig (5 - 15) Jahren	51	0	0	0	0,00	0,000	0,000

v5.3.1e: Kleine Gastronomie mittelfristig (5 - 15) Jahren	51	0	1	15	,29	,460	,212
v5.3.1f: Große Gastronomie mittelfristig (5 - 15) Jahren	51	0	1	18	,35	,483	,233
v5.3.1g: Handel mit Hartware (z.B. Geräte) mittelfristig (5 - 15) Jahren	51	0	0	0	0,00	0,000	0,000
v5.3.1h: Handel mit Backwaren mittelfristig (5 - 15) Jahren	51	0	1	5	,10	,300	,090
v5.3.1i: Handel mit Fleisch mittelfristig (5 - 15) Jahren	51	0	1	5	,10	,300	,090
v5.3.1j: Handel mit Fisch mittelfristig (5 - 15) Jahren	51	0	1	2	,04	,196	,038

v5.3.1k: Dienstleistungen mittelfristig (5 - 15) Jahren	51	0	0	0	0,00	0,000	0,000
v5.3.1l: Vertriebskette (Standmiete bezahlt Mutterkonzern) mittelfristig (5 - 15) Jahren	51	0	1	1	,02	,140	,020
v5.3.1m: Franchisebetrieb (Standmiete bezahlt Geschäftsinhaber) mittelfristig (5 - 15) Jahren	51	0	1	2	,04	,196	,038
v5.3.1n: Andere mittelfristig (5 - 15) Jahren	51	0	1	3	,06	,238	,056
Gültige Werte (Listenweise)	0						

Interessensgruppe

Magistrat der Stadt Wien
Magistratsabteilung 7 - Kultur
Friedrich-Schmidt-Platz 5
A-1082 Wien
Tel.: +43 1 4000 8007
Fax: +43 1 4000 99 8007
E-Mail: post@ma07.wien.gv.at
www.kultur.wien.at
DVR 0000191

Herrn Mag. Mag.
Dr. Christian Wolfsteiner, MAS
Eisenhandstraße 30A
4020 Linz

Wien, 18. August 2016

MA 7 – 144879/16

Durchschrift zur Gegenzeichnung

Sehr geehrter Herr Dr. Wolfsteiner!

Die Kulturabteilung der Stadt Wien freut sich mitteilen zu können, dass Ihnen für die Durchführung des Forschungsprojektes „Vergleichbarkeit der Forschungsergebnisse des Wiener Naschmarktes zum Augsburger Stadtmarkt" ein Wissenschaftsstipendium in der Höhe von EUR 1.500,-- gewährt wird. Der Betrag wird in zwei Raten zu je EUR 750,-- angewiesen. **Die Anweisung der 1. Rate wird nach Rücksendung der beiliegenden Durchschrift, mit deren Unterfertigung Sie die Förderungsbedingungen anerkennen, umgehend veranlasst, die 2. Rate wird nach Übermittlung des Abschlussberichtes überwiesen.**

Mit der Genehmigung sind folgende Bedingungen verbunden:

- Übermittlung eines Abschlussberichtes im Umfang von 15 bis 20 Manuskriptseiten, sowie eines Summarys von etwa 30 Zeilen (Schwerpunkte: neue Forschungsergebnisse, Quellen und Methoden, Herausarbeitung von Wien-Bezügen) nach Möglichkeit per E-Mail bis spätestens **31. März 2017.**

- In allen Mitteilungen über das geförderte Vorhaben ist auf die Förderung durch die Kulturabteilung der Stadt Wien, Wissenschafts- und Forschungsförderung, hinzuweisen.

Wir ersuchen Sie, wesentliche Änderungen der Projektstruktur (Thema, Termin, Zeitplan, etc.) umgehend bekannt zu geben.

Die Kulturabteilung wünscht Ihnen für Ihre Arbeit alles Gute.

Mit freundlichen Grüßen

Referentin:

Heidi Kadensky
Tel.: 4000/88743 DW
E-Mail: heidi.kadensky@wien.gv.at

die Abteilungsleiterin:
i.V.

Univ.-Prof. Dr. Hubert Ch. Ehalt
Obersenatsrat

Unterschrift:

Mag. Mag. Dr. Christian Wolfsteiner, MAS

Lebenslauf

Vorname	Christian
Nachname	Wolfsteiner
Titel	Mag. Mag. Dr., MAS
Adresse	Eisenhandstraße 30 A 4020 Linz an der Donau, Österreich
Mail	wolfsteiner@aon.at
Handy	0043 664 10 49 400
Staatsangehörigkeit	Österreich
Geburtsdatum	29.04.1976
Geschlecht	männlich
Familienstand	ledig

Beruflicher Werdegang:

Seit 02/2017: Trainer am BFI (Berufsförderungsinstitut) Linz
LAP Trainer für Buchhaltung, Rechnungswesen, Schriftverkehr und Betriebswirtschaftslehre

Seit 08/2013: Information and knowledge management Key-Account in der technischen Großindustrie
Elektromaschinenbau R. Riegler GmbH, Linz, Austria
Betreuung von Key Accounts in Österreich und angrenzendes Ausland , Marketing, Informatikadministration, Außendienstleitung

Seit 07/2012: Klinischer Monitor in der Krebsforschung
Danube Clinicals, Linz, Austria
Klinischer Monitor für Österreich im Bereich Onkologie. Schnittstellenmanagement zwischen Pharmakonzern und Studienfakultäten durch Kommunikation, Dokumentation und Überwachung von Medikation.

06/2011 - 06/2013: Handelsagent
Modeagentur Wolfsteiner, Linz, Austria

Investitionsvergabe, Marketing, Werbung, Shop in Shopimplementierung, Finanzierung, Strategische Produkt Platzierung, Preisgestaltung, Produktdesign
Unternehmenspartner: JOCKEY Europe GmbH, Camel Active, Premium Bodywear, Como Sport, Dornbusch, Bültel Fashion Group

01/2005 - 05/2011: Handelsagent
Modeagentur Wolfsteiner, Linz, Austria
Investitionsvergabe, Marketing, Werbung, Shop in Shopimplementierung, Finanzierung, Strategische Produkt Platzierung, Preisgestaltung, Produktdesign
Customers/Partners: JOCKEY Europe GmbH

12/1999 - 12/2004: Handelsagent
Modeagentur Wolfsteiner, Linz, Austria
Investitionsvergabe, Marketing, Werbung, Shop in Shopimplementierung, Finanzierung, Strategische Produkt Platzierung, Preisgestaltung, Produktdesign
Customers/Partners: Huber Tricot

07/1998 - 12/1999: Shop Manager
GFT Oberkassel/ Job Shop Manager, Vienna, Austria
Key Account Manger, Shop Management, Marketing, Werbung, Personalmanagement, Organisation
01/1997 - 06/1998: Job trainee
Holy's Munich, Munich, Germany
Kundendienst

Ausbildung:

Laufend:

Seit 01/2017: Bachelorstudium Wirtschaftsrecht (berufsbegleitend)
Johannes Kepler Universität, Linz, Austria

Seit 01/2016: Diplomstudium Wirtschaftspädagogik (berufsbegleitend)
Johannes Kepler Universität, Linz, Austria

Seit 01/2009: Doktorat Wirtschaftswissenschaften: Wissensmanagement
Johannes Kepler University, Linz, Austria

Abgeschlossen:

01/2010 - 12/2015: Doktorat der Wirtschaftsanthropologie und Wirtschaftsgeschichte
(mit ausgezeichnetem Erfolg)
Johannes Kepler University, Linz, Austria

01/2007 - 12/2008: Master of advanced Studies Sozialmanagement
Johannes Kepler University, Linz, Austria

10/2004 - 06/2008: Magister Wirtschaftswissenschaften Schwerpunkte: Unternehmensentwicklung, Elektronische Medien, allgemeine Volkswirtschaft, Produktion und Logistik, Französisch
Johannes Kepler University, Linz, Austria

10/2002 - 06/2008: Magister Sozialwirtschaft Schwerpunkte: Industriesoziologie, Umweltmanagement, abweichendes Verhalten
Johannes Kepler University, Linz, Austria

02/2002 - 07/2002: Matura (Berufsreifeprüfung)
Linzer Technikum (LiTec), Linz, Austria

7/1996 Abschlussprüfungszeugnis Handelsschule
(mit gutem Erfolg)
Handeslschule Rudigierstrasse Linz

Besondere Ziele:

Buchautor Schwerpunktbereich:

Unternehmensförderung und AnthropologieMitglied der Literar Mechana (Österreich) und VG Wort (Deutschland)
Stipendiat des Magistrats der Stadt Wien Abteilung 7 - Kultur

FSC
www.fsc.org
MIX
Papier aus verantwortungsvollen Quellen
Paper from responsible sources
FSC® C105338

Herstellung und Verlag:
BoD - Books on Demand, Norderstedt
ISBN 978-3-7431-6444-4